POR UMA CONSTITUIÇÃO GAIA

A BUSCA DE UM NOVO MODELO CONSTITUCIONAL PARA OS ANIMAIS NÃO HUMANOS E PARA A NATUREZA

HENRIQUE PANDIM BARBOSA MACHADO

Paulo Lopo Saraiva
Prefácio

Laurita Vaz
Apresentação

POR UMA CONSTITUIÇÃO GAIA
A BUSCA DE UM NOVO MODELO CONSTITUCIONAL PARA OS ANIMAIS NÃO HUMANOS E PARA A NATUREZA

Belo Horizonte

2018

© 2018 Editora Fórum Ltda.

É proibida a reprodução total ou parcial desta obra, por qualquer meio eletrônico, inclusive por processos xerográficos, sem autorização expressa do Editor.

Conselho Editorial

Adilson Abreu Dallari
Alécia Paolucci Nogueira Bicalho
Alexandre Coutinho Pagliarini
André Ramos Tavares
Carlos Ayres Britto
Carlos Mário da Silva Velloso
Cármen Lúcia Antunes Rocha
Cesar Augusto Guimarães Pereira
Clovis Beznos
Cristiana Fortini
Dinorá Adelaide Musetti Grotti
Diogo de Figueiredo Moreira Neto
Egon Bockmann Moreira
Emerson Gabardo
Fabrício Motta
Fernando Rossi
Flávio Henrique Unes Pereira

Floriano de Azevedo Marques Neto
Gustavo Justino de Oliveira
Inês Virgínia Prado Soares
Jorge Ulisses Jacoby Fernandes
Juarez Freitas
Luciano Ferraz
Lúcio Delfino
Marcia Carla Pereira Ribeiro
Márcio Cammarosano
Marcos Ehrhardt Jr.
Maria Sylvia Zanella Di Pietro
Ney José de Freitas
Oswaldo Othon de Pontes Saraiva Filho
Paulo Modesto
Romeu Felipe Bacellar Filho
Sérgio Guerra
Walber de Moura Agra

Luís Cláudio Rodrigues Ferreira
Presidente e Editor

Coordenação editorial: Leonardo Eustáquio Siqueira Araújo

Av. Afonso Pena, 2770 – 15º andar – Savassi – CEP 30130-012
Belo Horizonte – Minas Gerais – Tel.: (31) 2121.4900 / 2121.4949
www.editoraforum.com.br – editoraforum@editoraforum.com.br

M149p   Machado, Henrique Pandim Barbosa

Por uma Constituição Gaia: a busca de um novo modelo constitucional para os animais não humanos e para a natureza / Henrique Pandim Barbosa Machado.– Belo Horizonte : Fórum, 2018.

158 p.

ISBN: 978-85-450-0460-8

1. Direito Constitucional. 2. Direito Ambiental. 3. Filosofia. I. Título.

CDD 341.2
CDU 342

Informação bibliográfica deste livro, conforme a NBR 6023:2002 da Associação Brasileira de Normas Técnicas (ABNT):

MACHADO, Henrique Pandim Barbosa. *Por uma Constituição Gaia*: a busca de um novo modelo constitucional para os animais não humanos e para a natureza. Belo Horizonte: Fórum, 2018. 158 p. ISBN 978-85-450-0460-8.

À Gaia, que me fez despertar para a defesa dos direitos dos animais.

AGRADECIMENTOS

As páginas que virão a seguir têm origem em dissertação de mestrado (sob o título: *Por uma Constituição Gaia: a questão ambiental na Constituição Federal de 1988*), apresentada perante a Pontifícia Universidade Católica de Goiás – PUC Goiás, como um dos requisitos para a obtenção do título de Mestre em Direito, Relações Internacionais e Desenvolvimento.

Defendido e aprovado no final de 2015, o trabalho acadêmico foi posteriormente ampliado e atualizado, transformando-se na presente obra.

Registro os meus sinceros agradecimentos ao Professor e Advogado Paulo Lopo Saraiva, eminente constitucionalista brasileiro, por ter aceitado prefaciar o trabalho, bem como à Ministra, e também Professora, Laurita Vaz, jurista do mais alto quilate e magistrada que tanto dignifica os quadros do Poder Judiciário brasileiro, cuja apresentação enaltece sobremaneira este autor.

À Professora Marília Lício, pelo auxílio na adequação da obra à melhor gramática.

Agradeço à Anna Paula, minha esposa e companheira, pelo apoio incondicional de hoje e de sempre, bem como aos meus pais, Ricardo e Rosângela, exemplos de vida.

No campo da inspiração, agradeço aos responsáveis pela escolha do tema, seres que comigo caminham ou caminharam, e que me ensinaram a amar e a respeitar aqueles que, embora diferentes de nós humanos, são igualmente capazes de amar e de gerar amor. Ao Eros, cuja vontade incessante de viver, em clara correspondência ao nome que lhe foi atribuído, demonstrou-me que, no ringue da vida, o peso pesado, por vezes, mede-se em gramas. À July e ao Lucky, por me mostrarem que a nossa história não se mede em tempo, mas em intensidade.

Por fim, ao Grande Arquiteto, portador de vários nomes, mas dotado de uma única grandeza.

SUMÁRIO

PREFÁCIO
Paulo Lopo Saraiva 11

APRESENTAÇÃO
Laurita Vaz 13

INTRODUÇÃO 15

CAPÍTULO 1
A NATUREZA E O HOMEM: ABORDAGEM FILOSÓFICA 17
1.1 Noções 17
1.2 Os primeiros contatos do homem com o mundo 18
1.3 Relação entre homem e natureza em três períodos 21
1.3.1 O mundo pré-moderno 22
1.3.1.1 A mitologia e o temor à natureza 23
1.3.1.2 A filosofia e o pensamento estoico na construção de uma visão holística 26
1.3.1.3 Religião e ambiente 28
1.3.2 O mundo moderno 39
1.3.3 O mundo pós-moderno 44
1.3.3.1 O ego sentimental e o homem como animal em processo de evolução 45
1.3.3.2 A falsa ideia de neutralidade do conhecimento 49
1.3.3.3 Virada estoica 50

CAPÍTULO 2
A QUESTÃO JURÍDICO-AMBIENTAL 55
2.1 Noções 55
2.2 A questão ambiental no movimento constitucionalista 60
2.2.1 Sobre o constitucionalismo – delimitação conceitual e periodização 60
2.2.2 Estado liberal – o meio ambiente como um nada jurídico 64
2.2.3 Estado social – o ambiente como objeto de direito 70
2.2.4 O novo constitucionalismo latino-americano: Estado constitucional ecológico 75
2.2.4.1 Considerações iniciais 75
2.2.4.2 A questão ambiental no novo constitucionalismo latino-americano: a natureza como sujeito de direitos 83

CAPÍTULO 3
RUMO À CONSTITUIÇÃO GAIA – A QUESTÃO AMBIENTAL NO ORDE-
NAMENTO JURÍDICO BRASILEIRO 93
3.1   Noções 93
3.2   De Cabral a Guimarães: a natureza e o direito em *terrae brasilis* 94
3.2.1   Do período colonial 94
3.2.2   Do Império 97
3.2.3   Da República 99
3.3   A natureza na Constituição Federal de 1988 106
3.3.1   A visão holística da Carta de Outubro 107
3.3.2   O meio ambiente enquanto direito fundamental 110
3.3.3   Hans Jonas e a Constituição de 1988 112
3.3.4   O Judiciário e o meio ambiente após 1988 115
3.3.4.1 O ambiente como direito fundamental do presente e do futuro 118
3.3.4.2 A questão cultural como escudo para salvaguardar práticas
         abusivas e o Supremo Tribunal Federal 119
3.3.4.2.1 O Supremo e a farra do boi 120
3.3.4.2.2 O Supremo e as brigas de galo 122
3.3.4.2.3 O Supremo e a vaquejada 125
3.3.4.3 O Superior Tribunal de Justiça e a Natureza 128
3.3.4.3.1 A eutanásia e a leishmaniose 128
3.3.4.3.2 Animais sem teto: coisas? 129
3.3.4.4 Circo: alegria humana, tristeza animal 133
3.3.4.5 O *habeas corpus* animal 135
3.3.4.6 Cobaias – o uso de animais em experimentos 138
4   Por uma Constituição Gaia: necessidade de reformulações
         constitucionais 140

CONCLUSÕES 147

REFERÊNCIAS 151

PREFÁCIO

O amigo Henrique Pandim Barbosa Machado solicita-me prefaciar seu novo trabalho, fruto de sua dissertação de mestrado intitulada *Por uma Constituição Gaia: a questão ambiental na Constituição Federal de 1988*, apresentada e aprovada, na PUC Goiás.

Também sou filho da PUC-SP, pois, nos anos 80, defendi a dissertação de mestrado e a tese de doutorado, naquela respeitada instituição educacional brasileira, sagrando-me primeiro Doutor em Direito Constitucional da PUC-SP, em junho de 1982, tendo como Orientador o Professor Dr. Michel Temer, atual Presidente da República.

A qualificação profissional é sempre bem-vinda.

O trabalho acadêmico, desenvolvido por Henrique Pandim, oferece uma grande contribuição para os estudos relacionados com o Direito e a Ecologia.

Já na Introdução, ele registra o ensinamento de Eduardo Galeano: "Ame a natureza da qual faz parte".

A abordagem filosófica feita sobre a natureza e o homem revela uma competência extraordinária e constrói uma verdadeira enciclopédia sobre esse tema difícil e necessário.

Na prossecução da sua fecunda investigação, refere-se à vigente Constituição do Equador, como texto maior, destinado à natureza.

Sem dúvida, esse "novo olhar" e "novo pensar" estatuem uma visão diferente do relacionamento entre a natura e o *homo sapiens*.

Ao depois, analisa a questão ambiental, no ordenamento jurídico pátrio, indicando novos rumos para uma temática sempre atual.

Ressalva a ideia do meio ambiente como direito fundamental, o que se concilia com as disposições alvissareiras da Constituição Federal de 1988 (artigo 225).

Apresenta, no seu brilhante texto, decisões jurisprudenciais, o que enriquece mais ainda sua obra.

Conclui pela adoção da Constituição Gaia, vale dizer, uma Constituição que "reconhece a natureza como sujeito autônomo de direitos", bem assim "os demais seres vivos, não humanos".

A proposta é ousada como ousado é o seu jovem autor, mas merece a nossa análise, ainda que com alguma discordância.

O texto de Henrique Pandim faz jus a uma publicação e divulgação, pois desponta como uma das melhores contribuições já apresentadas sobre Direito e meio ambiente, no campo das produções acadêmicas sobre o assunto.

Paulo Lopo Saraiva
Advogado. Professor. Pós-Doutor pela Universidade de Coimbra. Doutor e Mestre pela PUC-SP.

APRESENTAÇÃO

Foi com muita honra e felicidade que recebi o convite de Henrique Pandim Barbosa Machado para elaborar a apresentação de seu mais novo trabalho intelectual, intitulado *Por uma Constituição Gaia: a busca de um novo modelo constitucional para os animais não humanos e para a natureza*, que constitui fruto de sua bem-sucedida dissertação de mestrado defendida no ano de 2015, na PUC Goiás.

O livro não é a primeira contribuição doutrinária de Henrique. Jovem pesquisador e dedicado jurista, o autor tem se destacado no campo do direito constitucional e da teoria do direito pelas incursões, sempre profundas, em temas relativos à teoria dos precedentes judiciais e à questão democrática do *judicial review* no Direito comparado.

A presente obra, portanto, não nasce solitária: as concepções sobre epistemologia (ausência de neutralidade do conhecimento), Constituição (novo constitucionalismo latino-americano) e moralidade política (natureza como sujeito de direitos) integram um aparato conceitual construído a partir do estudo e da reflexão acerca de autores que fogem ao estrito campo do direito. Bem por isso, toda a construção jurídica escora-se sobre uma concepção pós-cartesiana de homem, atenta ao fato de que a formação do *self* depende inexoravelmente não só de sistemas de afeição e afiliação culturais,[1] mas também, e sobretudo, de um meio ambiente físico e externo bem preservado.

Isso conduz o autor a abandonar noções teóricas relacionadas ao antropocentrismo e a conferir especial ênfase àquilo que chama de "Constituição Gaia", nomenclatura que empresta de trabalho publicado pelo cientista James Lovelock acerca do comportamento orgânico do Planeta Terra. Nesse sentido, Henrique sustenta, com muita perspicácia e com argumentos convincentes, a condição "eminentemente ambientalista" da Constituição de 1988, documento que se funda em uma visão holística da natureza e, por conseguinte, eleva o meio ambiente a *direito fundamental* a ser tutelado pelo Poder Público e pela coletividade como um todo (art. 225 da CF).

No ponto, ganha especial relevo o papel que Henrique atribui ao Poder Judiciário – em especial ao Supremo Tribunal Federal e ao Superior Tribunal de Justiça – na defesa substantiva do meio ambiente,

---

[1] TAYLOR, Charles. *Sources of self: the making of the modern identity*. Cambridge: Harvard University Press, 2001, p.47.

seja por meio da aplicação de penalidades a infratores – de modo a desestimular novos ilícitos –, seja mediante a efetivação vanguardista de mudanças sociais e jurídicas derivadas da ideia de contramajoritarismo.

Há, ainda, outro grande mérito na obra: o autor consegue realizar o devido vínculo lógico entre o estudo teórico constante das partes iniciais do livro e as implicações práticas defendidas na parte derradeira. O livro consegue demonstrar, de um lado, que as pesquisas conceituais, mais abstratas, são imprescindíveis para mais bem compreender a realidade efetiva, e, de outro, que mudanças de postura podem – e devem – ser propostas a partir de raciocínios bem informados e responsáveis.

O leitor mais atento perceberá que os conceitos utilizados têm poder ao mesmo tempo explicativo e normativo: não só formam um todo coerente com os fundamentos utilizados em acórdãos, como o proferido no Recurso Especial nº 1.115.916/MG, no qual o Superior Tribunal de Justiça reconheceu a senciência dos animais, como também podem prestar-se como premissas para críticas de práticas sociais compartilhadas e de decisões judiciais que não concedem o devido valor ao modelo de proteção ambiental presente na Constituição de 1988.

Enfim, a obra de Henrique, escrita em linguagem clara e acessível, sem, todavia, nunca prejudicar a profundidade, lembra-nos da indagação feita, certa vez, por Henry Thoureau: "Qual a utilidade de uma bela casa se você não possui um planeta para suportá-la?". O fio condutor de todo o livro é a verdade, muitas vezes esquecida em razão de interesses políticos e econômicos escusos, de que o meio ambiente constitui *condição de possibilidade* para a própria vida, em suas mais variadas formas. Sua defesa, a rigor, precede debates sobre vida boa, estética, sistemas econômicos e riqueza. O que está em jogo não somos apenas nós, mas toda a complexa biosfera que nos circunda. Inclusive os filhos e netos que tanto amamos.

Laurita Vaz
Ministra do Superior Tribunal de Justiça.

INTRODUÇÃO

A dissertação que ora se inicia trata de algo que, para muitos, pode ser considerado inusitado, quando não lúdico ou mesmo fruto de sandices. O tema é realmente perturbador para aqueles que ainda se apegam aos dogmas do movimento iluminista, em especial ao do antropocentrismo irrestrito, segundo o qual o homem é o centro de todo o universo. Contudo, como bem disse o historiador Leandro Karnal, em palestra sobre *Hamlet*, de Shakespeare, "ser louco é a única possibilidade de ser sadio neste mundo doente". E, não é possível negar, o planeta Terra está realmente doente, graças, em grande parte, à degradação contínua e duradoura (quando não irreversível) causada pela ação antrópica.

A cura, ou ao menos o seu ponto de partida, está, como se verá nas linhas que se seguem, na adoção de uma Constituição Gaia, que, no esteio do novo movimento constitucionalista latino-americano, mas indo além dele, seja capaz de superar os dogmas epistemológicos implantados no Ocidente pelo movimento iluminista – até hoje francamente hegemônicos nos países do oeste do globo – para reconhecer a natureza e os demais animais não humanos como sujeitos autônomos de direitos, emancipando-os dos direitos do homem.

Afinal, diferentemente do que imaginava Lassale, as grandes mudanças vistas pela humanidade ao longo dos últimos séculos se iniciaram em meras folhas de papel, e com a Constituição Gaia não será diferente.

Defende-se uma Constituição que, como diz Eduardo Galeano, baseie-se em um décimo primeiro mandamento, consubstanciado na prescrição: "Ame a natureza da qual faz parte". O nome, Constituição Gaia, reflete no campo jurídico o que o cientista James Lovelock, cujo pensamento será exposto ao longo do primeiro capítulo da dissertação, defendeu no campo científico em sua obra pioneira, *Gaia – Uma nova visão sobre a vida na Terra*, publicada originalmente ainda no ano de 1979, na qual o pesquisador apresentou ao mundo a Hipótese Gaia, defendendo que o planeta Terra comporta-se como um verdadeiro ser vivo responsável por garantir a existência de todos os demais seres. A partir daí, o nome Gaia, já utilizado há muito na mitologia grega para se referir à deusa primordial que representava o próprio planeta, passou a ser utilizado por diversos defensores de uma visão biocêntrica de mundo.

O presente trabalho trata do problema da questão ambiental no Direito brasileiro, em especial da posição jurídica conferida à natureza e aos animais não humanos, se objetos ou sujeitos de direitos, com enfoque, como deixa antever o título, na Constituição Federal de 1988. Essa é a questão que compõe o fio condutor da narrativa a ser desenvolvida e que veio à tona, sobretudo, a partir de 2008, quando da promulgação da Constituição do Equador, que tratou a natureza, pela primeira vez na história, como sujeito autônomo de direitos, rompendo os dogmas iluministas do racionalismo e do antropocentrismo.

Como se verá, o mundo do século XXI tornou-se o palco de um grande movimento de mudança, que, pouco a pouco, avança nos sistemas jurídicos de diversos países, com o objetivo de reconhecer direitos específicos à natureza e aos animais não humanos, transformando-os de meros objetos (coisas, em termos jurídicos) em sujeitos de direitos (pessoas), e no Brasil não é diferente.

Após percorrer os caminhos filosóficos da relação entre o homem e a natureza (capítulo 1), bem como a evolução da tutela jurídica no âmbito do movimento constitucionalista (capítulo 2), chega-se ao ordenamento jurídico brasileiro (capítulo 3). Demonstrar-se-á que ainda falta, em terras brasileiras, o reconhecimento constitucional da natureza e dos demais animais como titulares de posições jurídicas independentes dos seres humanos, o que será possível, como se defende, a partir de uma reforma formal do texto constitucional ou a partir de uma mudança interpretativa do termo "todos" presente em diversos pontos da Constituição, em especial do *caput* do artigo 5º e do *caput* do artigo 225.

CAPÍTULO 1

A NATUREZA E O HOMEM: ABORDAGEM FILOSÓFICA

1.1 Noções

Inicia-se o presente trabalho a partir de uma investigação da relação entre o homem e a natureza, ou seja, entre o ser humano e o mundo que o cerca. De plano, é importante ressaltar que se buscará evitar a utilização do termo "meio ambiente"[1] ou "direito ambiental", porque, apesar de vocábulos consagrados, trazem em si a ideologia antropocêntrica de que tudo é meio e, portanto, está a serviço do único fim, que é o homem. Quando utilizados esses vocábulos, a intenção não será a de exprimir o sentido ora exposto.

Como adverte Prieto Méndez, ao tratar das mudanças provocadas pelo novo constitucionalismo latino-americano e sua visão biocêntrica de mundo:

> Entre as características desta transformação está a mudança do direito ambiental para um direito ecológico, sendo que o primeiro trata o direito como ferramenta para garantir ao homem o prazer (e propriedade) de

---

[1] Como lembra Morand-Deviller, meio ambiente é um "termo inoportuno de acordo com um ponto de vista budista, pois ele supõe que as coisas estão ao nosso redor, ao passo que estamos junto a elas [...]". MORAND-DEVILLER, Jacqueline. O justo e o útil em direito ambiental. In: MARQUES, Cláudia Lima; MEDAUAR, Odete; SILVA, Solange Teles da (Org.). *O novo direito administrativo, ambiental e urbanístico*: estudos em homenagem à Jacqueline Morand-Deviller. São Paulo: Revista dos Tribunais, 2010, p. 78.

um ambiente seguro e saudável, tornando o homem senhor da natureza, capaz de dispor de todos os seus recursos sem limites. Por outro lado, falar de um direito ecológico é falar de ferramentas jurídicas que consideram a natureza como o sistema em que a vida se realiza sendo nós, humanos, apenas parte dela.[2] (tradução do autor)

Dito isso, é de se ver que duas formas básicas de relação foram estabelecidas, ao longo do tempo, entre o homem e a natureza: de contemplação e de dominação.

Na primeira, retratada no presente trabalho com ênfase na filosofia estoica, o homem vê a si mesmo como mais um dos elementos da natureza, como um ponto inserido em um grande cosmos, um ser enraizado, natural. Na segunda, caracterizada pela filosofia iluminista, o ser humano se autopromove à condição de centro do mundo, fazendo tudo o mais para a satisfação de seus fins, vendo-se como um ser antinatural, apartado do restante da natureza.

Esses modos de relacionamento serão tratados a partir de enfoques filosóficos e, por vezes, religioso, a fim de se demonstrar que o modo como o homem pensa a si próprio influencia na forma com que ele trata o ambiente que o circunda. O prisma jurídico dar-se-á no capítulo 2, mas antes é necessário esboçar, ainda que brevemente, um histórico da relação entre o homem e o mundo.

1.2 Os primeiros contatos do homem com o mundo

O ser humano é uma novidade na Terra. Os estudos do naturalista britânico Charles Robert Darwin, materializados na clássica obra *A origem das espécies*,[3] permitiu a superação da "idade adâmica" do homem, ou seja, da ideia de que o ser humano estaria no mundo desde os primórdios da criação divina, tomando-se o ser mítico "Adão" como o primeiro ser.

---

[2] Original: "Entre las características de dicha transformación está la mudanza de un derecho ambiental a un derecho ecológico, así tenemos como el primero entiende que el derecho funcionaba como herramienta para garantizar al ser humano el goce (y apropiación) de un medioambiente sano y saludable. Pero en esta perspectiva, el ser humano se convierte en amo y señor de la naturaleza, capaz de disponer de todos sus recursos sin ningún límite. Por tanto, hablar de un derecho ecológico es hablar de herramientas jurídicas que consideran a la naturaleza como el sistema en el que se da la vida y que nosotros, los seres humanos, formamos parte de él". MÉNDEZ, Julio Marcelo Prieto. *Derechos de la naturaleza*: fundamento, contenido y exigibilidad jurisdiccional. Quito: Corte Constitucional del Ecuador, 2013, p. 16.

[3] DARWIN, Charles. *A origem das espécies*. Tradução de Eduardo Fonseca. São Paulo: Hemus Livraria.

A partir da seleção natural, Darwin demonstra que somos nada mais nada menos do que o resultado recente de um longo processo evolutivo, que, balizado pela força da seleção natural,[4] pressiona as diversas formas de vida rumo ao desenvolvimento. Em interessante passagem, instiga:

> A disposição semelhante dos ossos na mão humana, na asa do morcego, na barbatana do golfinho e na perna do cavalo; o mesmo número de vértebras no pescoço da girafa e no do elefante; todos esses fatos e um número infinito de outros semelhantes explicam-se facilmente pela teoria da descendência com modificações sucessivas, lentas e ligeiras.[5]

Nessa perspectiva, o homem não é, portanto, o primeiro ser a habitar o planeta e nem será o último. Em termos geológicos, a idade humana é recentíssima, iniciando-se somente no Período Quaternário da Era Cenozoica.

Durante bilhões de anos, o planeta surgiu, desenvolveu-se e viu nascerem diversas formas de vida sem nenhuma presença humana, constatação da qual é possível extrair a seguinte conclusão: o homem não é indispensável à existência do planeta. Daí a afirmação de Prieto Méndez, ao defender os direitos da natureza:

> Assim, concordamos que o "homem não pode viver à margem da natureza", e também devemos reconhecer que a natureza, sim, pode existir sem o ser humano, de modo que precisamos aceitar que nossa relação de necessidade não é recíproca.[6] (tradução livre)

Apesar de sua dispensabilidade e recente existência, o homem, entre todas as espécies animais, é a que mais influenciou o ambiente que o cerca, tanto que os cientistas propõem a alteração da classificação cronológica da geologia para nela incluir um novo período, o Antropoceno. Em artigo publicado no ano 2000, através do programa de pesquisa científica International Geosphere-Biosphere Programme, Paul

---

[4] DARWIN, Charles. *A origem das espécies*. Tradução de Eduardo Fonseca. São Paulo: Hemus Livraria, p. 318.
[5] DARWIN, Charles. *A origem das espécies*. Tradução de Eduardo Fonseca. São Paulo: Hemus Livraria, p. 449.
[6] Original: "Así, coincidimos en que 'el ser humano no puede vivir al margen de la naturaleza', pero debemos también reconocer que la naturaleza sí puede vivir sin el ser humano, de tal modo que resulta sano aceptar que nuestra relación de necesidad no es recíproca)". MÉNDEZ, Julio Marcelo Prieto. *Derechos de la naturaleza*: fundamento, contenido y exigibilidad jurisdiccional. Quito: Corte Constitucional del Ecuador, 2013, p. 28.

Crutzen – vencedor do Prêmio Nobel de Química de 1995 – e Eugene Stoermer dão exemplos do significante impacto causado pelo ser humano, o que justificaria a proposta do Antropoceno:

A expansão da humanidade, tanto em número quanto em exploração per capita dos recursos da Terra, tem sido espantosa. Para dar alguns exemplos: durante os três últimos séculos, a população humana aumentou dez vezes, alcançando 6.000 milhões, enquanto o aumento da população bovina alcançou 1.400 milhões (cerca de um bovino por família de tamanho médio). A urbanização aumentou dez vezes no século passado. Em algumas gerações, a humanidade esgotará os combustíveis fósseis que foram gerados durante centenas de milhões de anos. A libertação de SO2 [dióxido de enxofre] que, globalmente, atinge cerca de 160 Tg/ano, fruto da queima de carvão e petróleo, é pelo menos duas vezes maior do que a soma de todas as emissões naturais, ocorrendo principalmente como sulfureto de dimetil dos oceanos; aprendemos que 30-50% da superfície terrestre foi transformada pela ação humana; mais nitrogênio está agora fixado sinteticamente e aplicado como fertilizante na agricultura do que fixado naturalmente em todos os ecossistemas terrestres.[7] (tradução do autor)

Vê-se, portanto, que o breve tempo de estadia do homem na Terra já foi suficiente para a promoção de alterações significativas na natureza, sendo que, hodiernamente, praticamente metade da superfície terrestre foi transformada pela ação humana.

O marco principal da intervenção humana na natureza, fixado pelos autores supracitados como baliza inicial do período Antropoceno, deu-se a partir do século XVIII, coincidindo com o aperfeiçoamento da máquina a vapor realizado por James Watt,[8] bem como com a Primeira

---

[7] Original: "The expansion of mankind, both in numbers and per capita exploitation of Earth's resources has been astounding. To give a few examples: During the past 3 centuries human population increased tenfold to 6000 million, accompanied e.g. by a growth in cattle population to 1400 million (about one cow per average size family). Urbanization has even increased tenfold in the past century. In a few generations mankind is exhausting the fossil fuels that were generated over several hundred million years. The release of SO2, globally about 160 Tg/year to the atmosphere by coal and oil burning, is at least two times larger than the sum of all natural emissions, occurring mainly as marine dimethyl - sulfide from the oceans; we learn that 30-50% of the land surface has been transformed by human action; more nitrogen is now fixed synthetically and applied as fertilizers in agriculture than fixed naturally in all terrestrial ecosystems". CRUTZEN, Paul J.; STOERMER, Eugene F. The "anthropocene". In: *The International Geosphere-Biosphere Programme (IGPB): A Study of Global Change of the International Council for Science* (ICSU). Newsletter n. 41, 2000, p. 17-18.

[8] Inventada pelo inglês Thomas Newcomen, a máquina a vapor foi aprimorada pelo escocês James Watt e passou a ser um símbolo da Primeira Revolução Industrial, que se iniciou na Europa no final do século XVIII.

Revolução Industrial. Relevante ressaltar que esse marco temporal não é unânime, existindo estudos que indicam a grande influência do homem no ambiente desde os primeiros períodos do Holoceno, cerca de 4300 a 2500 anos a.c. Pesquisas apontam, por exemplo, que nesse período foram extintas aproximadamente um terço das espécies representadas nos fósseis, muito provavelmente como resultado da ação humana. Nesse sentido, David Steadman, curador de ornitologia do Museu de História Natural da Flórida, em artigo publicado no ano de 1984, discorre sobre a ação humana como decisiva, direta ou indiretamente, para a extinção de grandes e pequenas espécies:

> Uma análise cronológica é suficiente para levantar fortes suspeitas do envolvimento do homem em extinções pré-históricas em Antígua. Isto é reforçado pela descoberta, em sítios arqueológicos, de fósseis de vertebrados extintos, muitas vezes representados por ossos queimados ou quebrados de forma indicativa de consumo humano. Estas extinções ocorridas no Quaternário não se limitam a grandes vertebrados passíveis de serem consumidos pelos seres humanos, mas incluem, também, pequenas espécies de lagartos, cobras, pássaros e morcegos, o que mostra que as perturbações do habitat e a introdução de predadores também afetou bastante a composição da fauna.[9] (tradução do autor)

Passa-se, doravante, à análise histórica da relação entre homem e natureza, adotando-se uma tríplice divisão: o mundo pré-moderno; o mundo moderno; e o mundo pós-moderno.

1.3 Relação entre homem e natureza em três períodos

Tradicionalmente, o pensamento ocidental costuma periodizar a história em cinco etapas, marcadas por acontecimentos tidos como relevantes o suficiente, do ponto de vista europeu, para mudar o curso da história. São elas: a Pré-História, que se inicia com o

---

[9] Original: "Chronology alone makes a strong case for suspecting man's involvement in prehistoric extinctions on Antigua. This is strengthened by the occurrence of extinct vertebrates in archeological sites, often represented by bones that are charred or broken in a manner indicative of human consumption. These Late Quaternary extinctions are not confined to large edible vertebrates, however, but include small species of lizards, snakes, birds, and bats, showing that habitat perturbations and introduced predators also greatly affected the composition of the fauna". STEADMAN, David W. et al. *Fossil vertebrates from Antigua, Lesser Antilles: evidence for late Holocene human-caused extinctions in the West Indies.* Proc. Nati. Acad. Sci. USA vol. 81, July 1984, p. 4448-4451. Disponível em: <http://www.pnas.org/content/81/14/4448.full.pdf+html?sid=5d982716-e791-4c0e-a7f7-84ec8b9e5c8f>.

surgimento do homem na Terra e se estende até o surgimento da escrita na Mesopotâmia, por volta de 4000 a.c.; a Idade Antiga, que perdura de 4000 a.C. até 476 d.c., tendo como marco final a queda do Império Romano do Ocidente; a Idade Média, que se prolonga até 1453, com a queda do Império Romano do Oriente; a Idade Moderna, que se alonga até 1789, balizada pela Revolução Francesa; e a Idade Contemporânea, de 1789 até os dias atuais.

Essa classificação não é unânime e nem imune a críticas, seja por representar visão de mundo eurocêntrica, seja por desconsiderar que os eventos e acontecimentos históricos não se dão do mesmo modo em todos os lugares. De todo modo, didaticamente, serve como orientação cronológica do estudo histórico.

Tais considerações são importantes, pois na perquirição histórica da relação entre homem e natureza que ora passa a se tecer serão utilizados três marcos: o mundo pré-moderno; o mundo moderno; e o mundo pós-moderno. É evidente que as denominações que qualificam tais períodos levam em consideração a perspectiva humana.

Por mundo pré-moderno será considerada a trajetória da humanidade até o advento do movimento iluminista. Na modernidade será exposta a visão de mundo implantada pelo movimento iluminista, até o surgimento de novas ideias, sobretudo a partir do século XX. No mundo pós-moderno, serão retratadas as inovações trazidas por uma nova corrente filosófica, que, nadando contra a corrente iluminista, busca uma reaproximação entre o homem e a natureza, valorizando a questão ambiental, o que será denominado de virada estoica.

1.3.1 O mundo pré-moderno

É possível dizer, desde logo, que na antiguidade predominava uma visão de mundo muito diferente daquela que seria implementada pelo iluminismo, com reflexos diretos sobre o trato da questão ambiental. Esse modo de ver e entender o mundo era formado pelo entrelaço de mitologia, religião e filosofia, as quais, ainda que cada qual com sua justificativa e seus postulados, forneciam ao homem uma visão holística[10] do mundo.

---

[10] Trata-se de uma compreensão do homem enquanto parte de um todo maior, uma visão macrocósmica de mundo. Como diz Haroldo Reimer, é "uma visão de conjunto, que alguns chamam de 'visão holística', isto é, relativa ao todo (*hólos* provém do grego e significa 'tudo', 'todos')". REIMER, Haroldo. *Bíblia e ecologia*. São Paulo: Reflexão, 2010, p.14.

Vigorava uma concepção de ser humano enraizado, pertencente a um todo, titular de diversos deveres e obrigações para com a manutenção da harmonia e da estabilidade do organismo do qual ele fazia parte. Seja por acreditar em deuses e seres mitológicos representados pela própria natureza, seja por imaginar fazer parte de um cosmos devidamente ordenado e justo ou, ainda, por crer possuir deveres de respeito, compaixão e cuidado com os demais seres vivos, o homem pré-moderno, ainda sem contato com ideias como antropocentrismo e racionalismo, era inclinado a se preocupar com o ambiente.

Ao analisar os ensinamentos extraídos da mitologia grega, da filosofia estoica e das religiões orientais e ocidentais, inclusive a cristã, percebe-se a adoção de uma visão holística de mundo, na qual o homem insere-se e consiste em um contexto maior do que ele próprio, como uma peça de uma complexa rede de relações.[11]

1.3.1.1 A mitologia e o temor à natureza

Antes do surgimento das grandes religiões e da própria filosofia, os mitos orientavam a forma como o homem entendia o mundo a sua volta e com o qual ele se relacionava. É da mitologia, aliás, que surge a filosofia e emerge o denominado "milagre grego", como diz o filósofo francês Luc Ferry:

> É nessa mesma perspectiva que abordo aqui a mitologia: como uma pré-história dessa história, como o primeiro momento da filosofia ou, melhor dizendo, como a matriz única a explicar seu nascimento na Grécia, no século VI a.C. – singular ocorrência que costumamos chamar de "milagre grego".[12]

Como se verá, a mitologia grega está umbilicalmente ligada ao estoicismo surgido posteriormente como doutrina filosófica marcante na Grécia. Logo, para iniciar a análise da relação entre o homem e a natureza no dito mundo pré-moderno, é imprescindível que o ponto de partida seja os ensinamentos mitológicos.

Tomando por base a mitologia grega, cujos contos e ensinamentos quebraram a barreira do tempo para alcançar os dias atuais, nela

---

[11] CAPRA, Fritjof. *O ponto de mutação*. Tradução de Álvaro Cabral. 27. ed. São Paulo: Cultrix, 2006, p. 259.
[12] FERRY, Luc. *A sabedoria dos mitos gregos*: aprender a viver II. Tradução de Jorge Bastos. Rio de Janeiro: Objetiva, 2002, p. 14.

é visível a correlação existente entre os mitos e a natureza, a começar pela própria construção do panteão. Na busca por entender os fenômenos naturais que por vezes acalentavam e, por tantas outras, atordoavam, e por não possuir explicações científicas para eles, os gregos correlacionaram acontecimentos e paisagens na construção dos seres mitológicos, criando figuras divinas que encarnavam a própria natureza.

Desse modo, as montanhas, por exemplo, representavam a deusa Ureia, enquanto os oceanos, o deus Pontos, o céu, Urano, e, talvez a construção mais emblemática, a Terra era representada pela deusa Gaia. Sobre o ponto afirma Luc Ferry:

> Primeiro, devemos lembrar que, na mitologia, a natureza e os deuses, de início, são uma coisa só. Gaia, por exemplo, não é apenas a deusa da terra, nem Urano o deus do céu ou Poseidon o do mar: eles são a terra, o céu e o mar, como estava claro, para os gregos, que esses grandes elementos naturais são eternos, assim como os deuses que os personificam.[13]

Tinha-se pela natureza, portanto, certo misto de reverência e temor, o que, de todo modo, levava o homem a respeitar o ambiente que o cercava, bem como os seus recursos.[14] Afinal, dela vinham os recursos essenciais à vida e, como diz Carolyn Merchant,

> A imagem da terra como organismo vivo e mãe nutriente serviu como restrição cultural, limitando as ações dos seres humanos. Não se mata facilmente uma mãe, perfurando suas entranhas em busca de ouro ou mutilando seu corpo. [...] Enquanto a terra fosse considerada viva e sensível, seria uma violação do comportamento ético humano levar a efeito atos destrutivos contra ela.[15]

Mas a relação entre mitologia e natureza vai além da mera correlação entre deuses e fatores naturais. Na realidade, o que mais importa para se entender como a mitologia influenciava a percepção

---

[13] FERRY, Luc. *A sabedoria dos mitos gregos*: aprender a viver II. Tradução de Jorge Bastos. Rio de Janeiro: Objetiva, 2002, p. 16.

[14] Vale obtemperar que a atitude de correlacionar divindades à natureza não é uma exclusividade da mitologia grega. Os poemas e textos míticos nórdicos compendiados na Edda fornecem uma visão ampla acerca da cosmogonia germano-escandinava, donde se extrai exemplos como Thor, um dos principais deuses, representante do raio e do trovão. Para uma maior incursão no tema: CANDIDO, Maria Regina. *Mitologia germano-escandinava (do chaos ao apocalipse)*. Rio de Janeiro: NEA/UERJ, 2007.

[15] MERCHANT, Carolyn *apud* CAPRA, Fritjof. *O ponto de mutação*. Tradução de Álvaro Cabral. 27. ed. São Paulo: Cultrix, 2006, p. 56.

que o homem tinha da natureza é o ensinamento que se extrai dos contos mitológicos.

Para que se possa entender o fio condutor das narrativas míticas, antes se faz necessário expor uma, e talvez a mais importante, das cinco[16] grandes indagações que permeiam toda a mitologia: como os homens estão inseridos no universo? A resposta a tal pergunta evidencia a forma como o homem se entendia no universo, possuindo influência direta no seu relacionamento com o ambiente.

O ensinamento dos mitos gregos está em expor qual caminho o ser humano deve seguir para possuir uma "vida boa", sem sucumbir à *hybris*, à loucura ou soberba. E esse caminho era, para os homens daquele tempo, aceitar os seus respectivos papéis dentro do cosmos, do universo, e se orientar conforme as atribuições e tarefas que lhe foram conferidas pelos deuses. Essa postura ou atividade pode ser chamada de contemplação.

Logo, era condição necessária da felicidade, da boa vida, que o homem compreendesse a si mesmo como apenas um dos componentes do cosmos, que tomasse consciência de sua pequenez e de sua finitude. Delineava-se uma visão holística de mundo, com o homem sendo uma parte do todo, e não um todo à parte.[17]

A conclusão acima exposta é facilmente extraída, por exemplo, do mito de Ulysses, que, aceitando o seu lugar no cosmos (Ítaca), não se deixou sucumbir diante das tentações de Calipso. A narrativa, uma das mais emblemáticas e disseminadas entre os contos antigos, deixa claro que, somente quando o ser humano se ajusta ao todo, é capaz de encontrar a felicidade. Sobre a persistência de Ulysses para manter o seu lugar no cosmos escreve Ferry:

---

[16] Luc Ferry aponta outras quatro indagações de essencial importância: a) qual é a origem do mundo?; b) o que acontece com o ser humano que se desvia do papel que lhe foi imposto pela ordem cósmica?; c) onde se situam os homens extraordinários (tratados nos mitos como semideuses); d) qual a razão pela qual o caos espreita mesmo a vida daqueles que agem com prudência?. FERRY, Luc. *A sabedoria dos mitos gregos*: aprender a viver II. Tradução de Jorge Bastos. Rio de Janeiro: Objetiva, 2002, p. 20-25.

[17] Essa forma de ver o mundo também se fazia presente nas culturas indígenas dos povos originários das Américas. Os povos andinos, por exemplo, de maneira geral, possuíam no centro de sua cosmogonia Pacha Mama, a "mãe terra", daí porque, como ressalta Méndez: "Las sociedades indígenas amazónicas y andinas entienden a la naturaleza como una deidad protectora y proveedora en la cual las sociedades se desenvuelven y que por ningún motivo está separada de ellas" (tradução do autor: As sociedades indígenas amazónicas e andinas entendem a natureza como uma divindade protetora e provedora, na qual as sociedades se desenvolvem e, assim, nada é motivo para separá-las). MÉNDEZ, Julio Marcelo Prieto. *Derechos de la naturaleza*: fundamento, contenido y exigibilidad jurisdiccional. Quito: Corte Constitucional del Ecuador, 2013, p. 241.

No esforço para chegar a Ítaca, Ulisses teve que fazer uma etapa na ilha da encantadora Calipso, uma divindade secundária, mas mesmo assim sublime e dona de poderes sobrenaturais. Calipso se apaixona loucamente por ele. Torna-se sua amante e resolve mantê-lo prisioneiro. [...] No entanto, Ulisses continua atraído como por um ímã por seu recanto do universo, por Ítaca. Quer a qualquer preço voltar a seu ponto de partida e, sozinho frente ao mar, todo fim de tarde chora, desesperado, sem ver como conseguir. [...] Ou seja, a convicção de Ulisses é a de que a vida "deslocada", a vida longe de casa, sem harmonia, fora do seu lugar natural, à margem do cosmos, é pior do que a própria morte.[18]

A concepção que o homem tem de si mesmo influencia suas ações e relações com a natureza, e a mitologia grega pregava uma visão de ser humano enraizado e conformado ao cosmos, em vez de superior a ele. Como consequência, o homem não se via como senhor da natureza e, portanto, não podia legitimamente explorá-la como bem entendesse, sob pena de ser castigado pelos deuses. O domínio do entorno somente era necessário para assegurar a sobrevivência da comunidade.

O conceito de vida boa, de existência em conformidade com o todo será retomado pela filosofia estoica e por diversos pensadores contemporâneos, influenciando, outrossim, o novo constitucionalismo latino-americano do século XXI, previsto expressamente nas Cartas do Equador e da Bolívia.

1.3.1.2 A filosofia e o pensamento estoico na construção de uma visão holística

Com o "milagre grego" e o surgimento da filosofia na antiga Grécia, o estoicismo, cujo expoente central foi Zenão de Cítio, retomando de certo modo o pensamento mitológico, só que, agora, calcado na razão e não em divindades, passou a pregar a bondade e a harmonia da natureza (cosmos), de modo que nela residiam os conceitos básicos, como o de justiça, bondade e virtude.[19]

Como método de salvação, o estoicismo propunha a contemplação do cosmos, de modo que cada indivíduo possui nele o seu local e o seu papel social, devendo com ele se contentar e de acordo com

---

[18] FERRY, Luc. *A sabedoria dos mitos gregos*: aprender a viver II. Tradução de Jorge Bastos. Rio de Janeiro: Objetiva, 2002, p. 7.

[19] FERRY, Luc. *Aprender a viver*. Tradução de Vera Lúcia dos Reis. Rio de Janeiro: Objetiva, 2007, p. 44.

ele pautar o seu agir. Aqui reside o ponto nevrálgico da influência do estoicismo no trato com a natureza.[20] Para os filósofos estoicos, o cosmos era caracterizado por uma ordem harmônica, visto como um grande organismo, no qual cada parte, cada membro encontra-se devidamente alocado e exerce uma função que lhe é própria, de modo que a soma do exercício das funções resulta na ordem cósmica. Sobre o tema, ressalta Donald Hughes:

> Entre os filósofos gregos, especialmente Pitágoras e os pitagóricos pertenciam a este grupo. Eles enxergavam o universo (cosmos) como um organismo do qual os seres humanos e outras criaturas são partes. Pherecydes, professor de Pitágoras, declarou que o mundo é um único ser vivo, e Empédocles o descreveu como um ser animado, com alma, e inteligente.[21] (tradução do autor)

Do mesmo modo Platão, ao tratar do universo com a mesma visão holística, conceitua-o como o somatório de todas as criaturas, sendo o homem, portanto, apenas uma de suas partes. *In verbis*:

> Estabeleçamos em vez disso que o universo se assemelha o mais possível àquele ser de que os outros são parte, quer individualmente, quer como classe. De facto, esse ser compreende em si mesmo e encerra todos os seres inteligíveis, tal como este mundo nos compreende a nós e a todas as outras criaturas visíveis.[22]

Competia ao homem, portanto, conformar-se ao cosmos, pois só assim poderia alcançar a vida boa, comedida, virtuosa,[23] não cabendo a ele questionar os acontecimentos, senão aceitá-los como parte do todo.

---

[20] FERRY, Luc. *Aprender a viver*. Tradução de Vera Lúcia dos Reis. Rio de Janeiro: Objetiva, 2007, p. 47-49.
[21] Original: "Among the Greek philosophers, Pythagoras and the Pythagoreans especially belong to this group. They viewed the universe (cosmos) as an organism of which humans and other creatures are parts. Pherecydes, teacher of Pythagoras, held that the world is a single living being, and Empedocles described it as animate, ensouled, and intelligent". HUGHES, J. Donald. *An environmental history of the world: humankind's changing role in the community of life*. Taylor & Francis e-library, 2004, p. 54.
[22] PLATÃO. *Timeu*: Crítias. Tradução de Rodolfo Lopes. Coimbra: Centro de Estudos Clássicos e Humanísticos, 2011, p. 98.
[23] Tudo era determinado pelo cosmos e este, sendo justo, não deveria ser questionado, o que fica ainda mais claro na leitura das meditações do imperador romano Marco Aurélio, adepto do estoicismo, como se vê no seguinte trecho de AURÉLIO, Marco. *Meditações*. Tradução de Alex Marins. 3. ed. São Paulo: Martin Claret, 2012, p. 37: "Ó mundo, tudo o que convém à tua perfeição, convém a mim! Nada me é prematuro ou tardio do que para ti é necessário. Tudo o que me trazem as tuas estações, é para mim fruo, ó Natureza!".

Logo, se o cosmos, que fornece a salvação, é entendido como um todo ordenado e justo, sendo que tal ordenação só é possível mediante a comunhão dos diversos seres vivos existentes, não há que se falar em superioridade do ser humano em relação aos demais seres e, portanto, não pode o homem explorar, como bem entender (e de forma descomedida), a natureza, sob pena de provocar a desordem. Contribuiu o estoicismo, dessa feita, para a proteção da natureza, como bem ressalta Hughes:

> Essas concepções do cosmos apresentam um mundo em que as plantas e animais, incluindo seres humanos, não são simplesmente entidades individuais, mas estão relacionados a um sistema cuja natureza eles compartilham. Isto significa que o pensamento ecológico, incluindo as questões das relações dos seres vivos entre si e com o ambiente, foi, pelo menos teoricamente, possível.[24] (tradução do autor)

Segundo os pitagóricos, por exemplo, como todos os seres têm uma origem comum (no cosmos) e estão relacionados de alguma forma (sendo tal relação o sustentáculo da harmonia cósmica), não é lícito ao ser humano causar danos aos outros animais, merecendo todos os seres respeito e consideração. Daí porque, inclusive, sequer utilizavam de qualquer alimento cujo consumo requeresse retirar a vida de um organismo.[25]

Vê-se, portanto, que a filosofia existente na Grécia antiga colaborou para a preservação ambiental, ao tratar o homem a partir não de uma concepção individualista, mas sim holística. Seus idealizadores pensaram de modo substancialmente distinto daqueles que, séculos depois, viriam a surgir para pregar o ideal humanista e antropocêntrico.

1.3.1.3 Religião e ambiente

Além da filosofia e da mitologia, também as religiões contribuíram para a preservação da natureza, a partir da formação de uma visão comunitária do ser humano. No Japão, o xintoísmo representou uma

---

[24] Original: "These conceptions of the cosmos present a world in which plants and animals, including humans, are not simply individual entities, but are related to a system whose nature they share. This means that ecological thought, including questions of the relationships of living creatures to one another and to the environment, was at least theoretically possible". HUGHES, J. Donald. *An environmental history of the world: humankind's changing role in the community of life*. Taylor & Francis e-library, 2004, p. 54.

[25] HUGHES, J. Donald. *An environmental history of the world: humankind's changing role in the community of life*. Taylor & Francis e-library, 2004, p. 55.

forma de adoração da natureza, uma vez que a floresta era o local de habitação dos "kami", seres espirituais que tornavam a natureza um local sagrado, daí porque, por exemplo, árvores eram cultuadas e a vida dos homens, animais e plantas deveria ser partilhada de modo igual. Nesse toar, analisa Hughes:

> Em suas origens, o tradicional xintoísmo japonês era uma forma de adoração da natureza enraizada na floresta. A floresta tinha muitas ideias e nela habitavam os *kami* (seres espirituais), incluindo deuses, animais poderosos, e os mortos, e elas foram muitas vezes associadas a lugares sagrados. A religião continha elementos xamânicos e animistas subjacentes, incluindo a adoração de árvores e a crença de que os seres humanos devem respeitar plantas e animais, que partilham a vida em condição de igualdade.[26] (tradução do autor)

O budismo, por seu turno, possui uma íntima relação com a natureza. Comparando-o com o estoicismo, Daniel Henning afirma que, enquanto para os adeptos da corrente filosófica grega "estar em casa" significava estar em conformidade com o cosmos, para os budistas significa alcançar um estado mental e espiritual de unidade com tudo aquilo que o cerca, o chamado Nirvana.[27]

Assim como as demais religiões, o budismo possui seus dogmas, princípios de fé, que orientam o agir de seus adeptos, sendo relevante anotar que o primeiro deles é não fazer mal a nada nem a ninguém, seja homem, animal, planta ou mesmo determinados objetos considerados inanimados.[28]

Isso porque, para os budistas, todos os seres compartilham uma única viagem entrelaçada pelo processo de reencarnação,[29] no qual um animal pode reencarnar como homem, ou vice-versa, o que aumenta a exigência de respeito a todos os seres.[30]

---

[26] Original: "In its origins, the traditional Shinto of Japan was a form of nature worship rooted in the forest. The forest had many Ideas and impacts kami (spirit beings) including gods, powerful animals, and the dead, and these were often associated with sacred places. The religion contained underlying shamanistic and animistic elements including tree worship and the belief that humans must respect plants and animals, which share life equally with them". HUGHES, J. Donald. *An environmental history of the world: humankind's changing role in the community of life*. Taylor & Francis e-library, 2004, p. 53-54.

[27] HENNING, Daniel. *A manual for buddhism and deep ecology*. Disponível em: <http://www.buddhanet.net/>.

[28] HUGHES, J. Donald. *An environmental history of the world: humankind's changing role in the community of life*. Taylor & Francis e-library, 2004, p. 55.

[29] SINGER, Peter. *Defense of animals: the second wave*. Oxford: Blackwell Publishing, 2006, p. 72.

[30] HENNING, Daniel. *A manual for buddhism and deep ecology*. Disponível em: <http://www.buddhanet.net/>.

Vale a leitura do seguinte trecho do Metta Sutta, conhecido texto budista citado por Peter Singer, que prega o amor por todos os seres e pelo próprio mundo, amor que deve ser igual ao de uma mãe por seu filho: "Assim como uma mãe iria proteger o seu filho, o seu único filho, com a sua própria vida, devemos cultivar uma mente sem limites para com todos os seres, dirigindo bondade para todo o mundo" (tradução do autor).[31]

A própria história de Buda (Siddhartha Gautama) está intimamente relacionada à natureza, sendo que foi meditando sob uma árvore Bodhi que ele alcançou o Nirvana, como escreve Henning:

Mais de 2500 anos atrás, Buda nasceu em uma floresta. Quando jovem, ele meditava sob árvores Jambo, estudou entre os Banyans e encontrou a iluminação debaixo de uma grande árvore Bodhi. [...] O budismo floresceu e nasceu na companhia e proteção de uma grande forma de vida: a floresta. Os ensinamentos budistas dão origem a uma ética ambiental com uma preocupação com a natureza da qual o homem é uma parte.[32] (tradução do autor)

Na Índia, o hinduísmo consiste em um conjunto de diferentes tradições que também demonstram preocupação com a natureza e com os seres que nela habitam. De início, vê-se que importantes entidades veneradas pelos hindus assumem a forma animal ou reencarnaram como animais. Rama e Krishna, por exemplo, teriam reencarnado na forma de um macaco e de uma vaca, respectivamente. Ganesh, um dos mais importantes deuses, tem cabeça de elefante, enquanto Hanuman, a forma de um macaco. Essas associações dão base para o respeito dos hindus aos animais não humanos.[33]

Ainda, pela crença na reencarnação, os hindus acreditam que o ser humano poderá vir a nascer como animal em encarnações futuras, ou que um animal venha a se tornar um ser humano, o que, de forma

---

[31] Original: "Just as a mother would protect with her life her own son, her only son, so one should cultivate an unbounded mind towards all beings, and loving kindness towards all the world". Texto integral disponível em: <http://nalanda.org.my/e-library/mettasutta/download/Metta%20Sutta.pdf>.

[32] Original: "Over 2500 years ago, Buddha was born in a forest. As a youth, he meditated under Jambo trees, studied among the Banyans, and found enlightenment beneath a great Bodhi tree. [...] Buddhism budded and was born in the company and protection of a great life form: the forest. Buddhist teachings give rise to an environmental ethic with a concern for nature of which man is a part". HENNING, Daniel. *A manual for buddhism and deep ecology*. Disponível em: <http://www.buddhanet.net/>.

[33] SINGER, Peter. *Defense of animals: the second wave*. Oxford: Blackwell Publishing, 2006, p. 72.

semelhante ao budismo, leva a uma atitude de tolerância com os demais seres vivos. Como diz Hughes:

> Os visitantes da Índia ficam muitas vezes impressionados com a tolerância mostrada pelos indianos com a presença de não apenas gado, mas também de muitas espécies selvagens, seja nos campos, aldeias, e até mesmo nas cidades. Isto é, em parte, devido à crença na reencarnação, o que implica em um destino comum para diferentes formas de vida, uma vez que as almas humanas, após a morte, podem renascer como animais ou plantas.[34] (tradução do autor)

Na Índia, o jainismo prega a compaixão e o respeito pela natureza, como no budismo, mas até mesmo mais enfaticamente, um dos princípios fulcrais desse sistema religioso era o *ahimsa*, um mandamento de não fazer mal a nenhum ser, humano ou não.

Essa doutrina de não violência viria, mais tarde, a influenciar Mahatma Gandhi, defensor fervoroso do princípio da não violência. O *ahimsa* no jainismo era levado tão a sério que os adeptos da religião mudavam de caminho para evitar pisar em insetos, usavam máscaras de gaze para não inalar o menor dos seres e chegavam a morrer de fome para não ter que matar outro ser vivo para se alimentarem. Sobre o jainismo:

> Os jainistas eram ainda mais insistentes em relação a este princípio. Um dos seus ensinamentos mais fortes é denominado ahimsa, que significa a não violência para com qualquer coisa viva, sendo, inclusive, uma doutrina que influenciou Mahatma Gandhi. Ocupações como a guerra ou agricultura, que exigem matar outros seres, eram proibidas para eles. Os jainistas mais rigorosos varriam seus caminhos para evitar pisar em insetos, e usavam máscaras de gaze para evitar inalar a criatura mais ínfima. Esta é, talvez, a doutrina mais extrema em qualquer religião de como negar a si mesmo, a fim de preservar outras formas de vida e, por isso, é compreensível que tenha sido seguida por poucos. Alguns ascetas jainistas apressaram as próprias mortes por fome, por se recusarem a comer qualquer coisa, animal ou vegetal, que havia sido morto.[35] (tradução do autor)

---

[34] Original: "Visitors to India are often impressed by the toleration shown by ordinary Indians to the presence of not only cattle, but many wild species as well, in fields, villages, and even in cities. This is in part due to the belief in reincarnation, which implies a common destiny of different forms of life, since human souls after death may be reborn as animals or plants". HUGHES, J. Donald. *An environmental history of the world: humankind's changing role in the community of life*. Taylor & Francis e-library, 2004, p. 53.

[35] Original: "The Jainas were, if anything, even more insistent on this principle. One of their strongest teachings is ahimsa or non-violence to any living thing, a doctrine that

Antes do fim do mundo pré-moderno surgiram as religiões monoteístas. Mais conhecidas pelos ocidentais, as religiões abraâmicas, quais sejam islamismo, judaísmo e cristianismo, também possuem ensinamentos ligados à natureza, embora se diferenciem, em um ponto substancial, das demais doutrinas religiosas: os ramos religiosos derivados de Abraão creem que o homem foi criado por Deus como um ser superior aos demais, ou seja, que o ser humano possui uma posição de superioridade em relação às demais criaturas,[36] uma vez que, ao criar o homem como sua imagem e semelhança, Deus deu a ele o domínio sobre a Terra e, consequentemente, sobre os seres que nela habitam. Lynn White identifica, no próprio mito bíblico da criação, uma das raízes da crise ecológica que assolara o mundo. Isso porque, segundo o relato criacionista, o homem seria superior à natureza. O primeiro homem, conforme a narrativa bíblica:

> deu nome a todos os animais, estabelecendo assim o seu domínio sobre eles. Deus planejou tudo isso explicitamente para o benefício e o domínio do homem. Nada na criação tinha outra finalidade senão servir aos propósitos do homem. E embora o corpo do homem tenha sido feito de argila, ele não é simplesmente parte da natureza, mas sim feito à imagem de Deus.[37] (tradução do autor)

Embora, *a priori*, a mera crença na superioridade do homem, por si só, não leve à inexorável conclusão de que os demais seres devem ser tratados como meros objetos, sem quaisquer direitos, fato é que, por deturpações interpretativas, não é incomum encontrar, entre os adeptos de tais religiões, argumentos contra os direitos dos animais e da natureza calcados na superioridade do ser humano.[38] Até a década de 1970, a interpretação bíblica, por exemplo, era focada na história do homem, e não no mundo natural, sendo este relegado a um segundo plano e visto, apenas, sob a perspectiva do homem, como escreve Simkins:

---

influenced Mahatma Gandhi. Occupations like warfare or farming, which required killing fellow beings, were forbidden to them. The strictest Jainas sweep their paths to avoid stepping on insects, and wear gauze masks to keep from inhaling the tiniest creature. This is perhaps the most extreme teaching in any religion of denying oneself in order to preserve other forms of life, and it was understandably followed by few. A handful of Jaina ascetics hastened death by starving themselves rather than eating anything, animal or plant, that had been killed". HUGHES, J. Donald. *An environmental history of the world: humankind's changing role in the community of life*. Taylor & Francis e-library, 2004, p. 55.

[36] SINGER, Peter. *Defense of animals: the second wave*. Oxford: Blackwell Publishing, 2006, p. 74.

[37] WHITE, Lynn. The historical roots of our ecologic crisis. *Science*, 1967, v. 155, n. 3767, p. 1203-1207.

[38] SINGER, Peter. *Defense of animals: the second wave*. Oxford: Blackwell Publishing, 2006, p. 74.

O foco histórico da interpretação bíblica começou a mudar na década de 1970. No final da década anterior, a preocupação pública que surgia com relação à crise ambiental exprimia-se como um ataque contra a importância da Bíblia. Visto que os biblistas tinham negligenciado ou historicizado as referências bíblicas ao mundo natural, a Bíblia foi deixada de lado como prejudicial a um meio ambiente estável e sadio.[39]

Vê-se, nesse esteio, que o ponto nevrálgico está na forma de interpretar as escrituras. Nesse contexto, Peter Singer diz ser possível extrair, das religiões abraâmicas, duas correntes distintas: uma primeira, com enfoque absolutamente antropocentrista, que entende os animais e a natureza como meros objetos criados para a satisfação dos desejos humanos e que, portanto, não são dotados de direitos e nem merecem respeito ou consideração; e a segunda, que, embora fundada no dogma da superioridade do homem, flexibiliza a noção de domínio que este possui sobre o restante da natureza, fundamentada no fato de que as demais criaturas também foram criadas por Deus, o que, por si só, as torna dignas de respeito e consideração, cabendo aos homens delas cuidarem.[40]

De acordo com essa segunda forma de enxergar os livros sagrados, em *ultima ratio*, tanto os homens quanto o restante da natureza partilham do mesmo *status*, portando-se, ambos, como criação de Deus. Embora o ser humano possua uma capacidade ímpar de transformar o ambiente natural, jamais poderá fugir de seus limites naturais, estando "preso à natureza", ou seja, umbilicalmente ligado a ela.[41]

Reimer, ao mencionar a necessidade de uma releitura ecológica das escrituras bíblicas, alerta que "A leitura da Bíblia precisa respirar ar ecumênico!":

> Na leitura destes textos é importante destacar o lugar adequado dos humanos dentro de toda a casa da criação, levando a sério que o relato não culmina na criação dos seres humanos, mas no shabbat da criação e de Deus (Gn 2.1-3). As atribuições de domínio dos humanos na criação (Gn 1.28) devem ser relativizadas em favor de uma leitura que destaca a tarefa de trabalho e cuidado na criação (Gn 2.15), bem como a relação intrínseca entre ser humano ("adam") com a mãe-terra ("adamah").[42]

---

[39] SIMKINS, Ronald A. *Criador e criação*: a natureza na mundividência do antigo Israel. Petrópolis: Vozes, 2004, p. 10.
[40] HUGHES, J. Donald. *An environmental history of the world: humankind's changing role in the community of life*. Taylor & Francis e-library, 2004, p. 56.
[41] SIMKINS, Ronald A. *Criador e criação*: a natureza na mundividência do antigo Israel. Petrópolis: Vozes, 2004, p. 323.
[42] REIMER, Haroldo. *Bíblia e ecologia*. São Paulo: Reflexão, 2010, p. 16.

No judaísmo, por exemplo, é possível encontrar, no próprio Torá, comandos que demonstram certo respeito para com a natureza,[43] como a proibição de cortar determinadas árvores das cidades conquistadas.[44] Ao interpretar tal passagem, como informa Hughes,[45] os rabinos entendem a proibição como um princípio geral a ser aplicado não só em casos de guerras, mas servindo como uma barreira para ações meramente destrutivas.

Outros trechos dos textos sagrados do judaísmo demonstram preocupação com a relação entre o homem e a natureza,[46] orientando, de certo modo, um agir ponderado em relação à natureza.[47] É o denominado "princípio do cuidado",[48] segundo o qual a utilização dos recursos naturais deve ocorrer de forma responsável, uma vez que "cuidar da criação de Deus é respeitar a vontade do criador, é zelar pela coletividade".[49] Vale lembrar, inclusive, que o dia sagrado de descanso (sabá) aplica-se também aos animais.[50] Nos dizeres de Reimer:

---

[43] Contudo, como já alertado, por se tratar de uma religião abraâmica, fundada na superioridade do homem, não há como negar a presença de diversos fatores que contribuem para a exploração da natureza, sobretudo diante de determinadas inteptrações das escrituras. O sacrifício animal para a expiação do ser humano, por exemplo, revela um ato totalmente dissonante de um sistema de proteção da natureza.

[44] Interessante a passagem do Livro Deuteronômio 20, 19 – *Quando sitiares uma cidade por muitos dias, pelejando contra ela para a tomar,* não destruirás o seu arvoredo, *colocando nele o machado, porque dele comerás; pois que não o cortarás (pois o arvoredo do campo é mantimento para o homem), para empregar no cerco.* Bíblia. Português. *Bíblia Sagrada.* Tradução de João Ferreira de Almeida. São Paulo: Sociedade Bíblica do Brasil, 1995. Trata-se do que Lima denomina como "princípio da preservação da flora". LIMA, Fabrício Wantoil. *A Bíblia e o direito:* princípios ambientais. Leme: Edijur, 2015, p. 234.

[45] HUGHES, J. Donald. *An environmental history of the world: humankind's changing role in the community of life.* Taylor & Francis e-library, 2004, p. 56.

[46] Como exemplo, em Deuteronômio, 22, 3-4: *O mesmo fará com o seu asno, o mesmo farás com o seu manto e o mesmo farás com qualquer animal que teu irmão tenha perdido e que encontres.* Não fiques indiferente a eles. *Se vês o asno ou o boi do teu irmão caídos no caminho,* não fiques indiferente: *ajuda-o a pô-los em pé.* Bíblia. Português. *Bíblia Sagrada.* Tradução de João Ferreira de Almeida. São Paulo: Sociedade Bíblica do Brasil, 1995.

[47] Em Deuteronômio 22, 6, encontramos a seguinte passagem: *Quando encontrares pelo caminho um ninho de ave numa árvore, ou no chão, com passarinhos, ou ovos, e a mãe posta sobre os passarinhos, ou sobre os ovos,* não tomarás a mãe com os filhotes. Aliás, segundo REIMER, o presente trecho "expressa algo como um 'princípio ecológico da preservação da fauna para a sua multiplicação'". Bíblia. Português. *Bíblia Sagrada.* Tradução de João Ferreira de Almeida. São Paulo: Sociedade Bíblica do Brasil, 1995. Assim, apesar de ser permitido ao homem se apropriar dos recursos naturais, tal deveria ocorrer de forma contida, evitando a destruição da fauna. REIMER, Haroldo. *Bíblia e ecologia.* São Paulo: Reflexão, 2010, p. 82.

[48] LIMA, Fabrício Wantoil. *A Bíblia e o direito:* princípios ambientais. Leme: Edijur, 2015, p. 220.

[49] LIMA, Fabrício Wantoil. *A Bíblia e o direito:* princípios ambientais. Leme: Edijur, 2015, p. 221.

[50] Deuteronômio 5, 12-14: *Guarda o dia de sábado, para o santificar, como te ordenou o Senhor teu Deus. Seis dias trabalharás, e farás todo o teu trabalho. Mas o sétimo dia é o sábado do Senhor teu Deus;* não farás nenhum trabalho nele, *nem tu, nem teu filho, nem tua filha, nem o teu servo,*

Toda a riqueza ecológico-social das tradições dos anos sabáticos (da terra, da libertação dos escravos e da remissão de dívidas) também precisa ser contemplada. É interessante observar como o texto de Ex 23.10-11 apresenta a interligação entre os direitos da terra, dos pobres e dos animais do campo.[51]

Ademais, segundo a tradição judaica, o ano sabático[52] teria, como uma de suas principais marcas, o descanso para a terra, e não só para os homens. Reconhece-se à terra (natureza) o direito de repousar, de ser poupada da exploração humana, de ser vista como parte da criação divina. Sobre esse aspecto, Reimer aponta que: "Em termos teológicos, é notável observar-se uma preocupação divina (e humana!) com a própria terra. É como se Deus escutasse também o "clamor da terra", pelo uso intenso através da agricultura".[53]

No islamismo, tal qual no judaísmo, é possível encontrar passagens que demonstram uma visão de mundo preocupada não só com o homem, mas também com as demais criaturas.

O Alcorão possui diversas passagens relevantes que demonstram a preocupação com a natureza e com as demais criaturas. Reconhece, por exemplo, que os animais formam suas próprias comunidades de forma semelhante às dos humanos: "Não existem seres alguns que andem sobre a terra, nem aves que voem, que não constituam nações semelhantes a vós".[54]

Para o islamismo, apesar da superioridade do homem, os demais animais têm seus papéis na formação do todo e, por isso, são importantes para o criador: "Não reparas, acaso, em que tudo quanto há nos céus e na terra glorifica a Deus, inclusive os pássaros, ao estenderem as suas asas? Cada um está ciente do seu (modo de) orar e louvar. E Deus é sabedor de tudo quanto fazem".[55]

Portanto, não só o ser humano, mas o cosmos em geral, representa a vontade e o poder de Deus, podendo se encontrar os sinais divinos

---

nem a tua serva, nem o teu boi, nem o teu jumento, nem animal algum teu, nem o estrangeiro que está dentro de tuas portas; para que o teu servo e a tua serva descansem como tu.

[51] REIMER, Haroldo. *Bíblia e ecologia*. São Paulo: Reflexão, 2010, p. 17.
[52] Assim como o sétimo dia é dedicado ao descanso, a tradição judaica também reconhecia que, após seis anos de trabalho, deveria existir um ano sabático. REIMER, Haroldo. *Bíblia e ecologia*. São Paulo: Reflexão, 2010, p. 66.
[53] REIMER, Haroldo. *Bíblia e ecologia*. São Paulo: Reflexão, 2010, p. 69.
[54] Alcorão 6:38. *Alcorão*. Português. Tradução de Mansour Challita. Rio de Janeiro: Associação Cultural Internacional Gibran, 1995.
[55] Alcorão 24:41. *Alcorão*. Português. Tradução de Mansour Challita. Rio de Janeiro: Associação Cultural Internacional Gibran, 1995.

nas montanhas, no som dos ventos, nas folhas das árvores, enfim, em toda a criação:

> O Alcorão aborda o cosmos e os seres humanos, e o mundo da natureza participa da revelação do Alcorão. O cosmos em si é na verdade a primeira revelação de Deus, e sobre as folhas das árvores, as faces das montanhas, as características dos animais, bem como nos sons dos ventos e no fluido suave dos riachos, encontram-se os sinais de Deus.[56] (tradução do autor)

Dessa maneira, o ser humano somente pode utilizar a natureza dentro das balizas traçadas pela lei divina, já que todos os seres, em conjunto, representam o califado de Deus na Terra e, portanto, cabe aos homens respeitar o mundo que os cerca. A *sharia* possui comandos expressos no que tange ao cuidado com o ambiente, proibindo poluição, recomendando o plantio de árvores e o trato gentil para com os animais.[57]

A terceira religião abraâmica, o cristianismo, de igual modo fundado na superioridade hierárquica do ser humano em relação aos demais animais, possui diversas semelhanças com o judaísmo e, portanto, também aqui podem ser visualizadas duas correntes de pensamento: a primeira, de tratamento da natureza como mero objeto para o uso humano, uma vez que, em razão da superioridade moral do homem, os interesses das demais criaturas devem ser desprezados; a segunda, de respeito, proteção e consideração à natureza, que também se configura como obra de Deus e, portanto, deve ser cuidada pelo homem.

Sobre a primeira forma de pensamento, que radicaliza a superioridade do homem e desconsidera o restante, Singer cita interessante passagem do Papa Pio IX na qual ele se recusa a permitir a instalação, em Roma, de uma sociedade de proteção aos animais, deixando claro que, em seu entender, a humanidade não tinha nenhum dever para com as demais criaturas:

---

[56] Original: "The Qur'an in a sense addresses the cosmos as well as human beings, and the world of nature participates in the Qur'anic revelation. The cosmos itself is in fact God's first revelation, and upon the leaves of trees, the faces of mountains, the features of animals, as well as in the sounds of the winds and gently flowing brooks, are to be found the signs of God". NASR, Seyeed Hossein. Islam, the contemporary islamic world, and the environmental crisis. In: CLOWNEY, David (Org.). *Earthcare: An anthology in environmental ethics* USA: Ed. Rowman & Littlefield, 2009, p. 84.

[57] HUGHES, J. Donald. *An environmental history of the world: humankind's changing role in the community of life*. Taylor & Francis e-library, 2004, p. 58.

Um exemplo disso foi a recusa do Papa Pio IX, no século XIX, em permitir a criação de uma sociedade para a proteção dos animais em Roma, quando ele disse à antivivisseccionista inglesa Anna Kingsford, "Madame, a humanidade não tem deveres para com os animais".[58] (tradução do autor)

Por outro lado, são conhecidos os ensinamentos de relevantes estudiosos cristãos no sentido do respeito aos direitos e interesses da natureza e de todos os seres que nela habitam. Deles talvez o de maior expoente seja São Francisco de Assis, cuja vida foi marcada pelo cuidado com toda a natureza que o cercava, por um sentimento fraternal de união entre todos os seres vivos,[59] como diz Boff:

> Com fina percepção sentia o laço de fraternidade e de sonoridade que nos une a todos os seres. Ternamente chama a todos de irmãos e irmãs: o Sol, a Lua, as formigas e o lobo de Gubbio. As coisas têm coração. Ele sentia seu pulsar e nutria veneração e respeito por cada ser, por menor que fosse. Nas hortas, também as ervas daninhas tinham o seu lugar, pois do seu jeito, elas louvam o Criador.[60]

É interessante notar que, nos últimos anos, o cristianismo tem se reinventado com base em correntes teológicas que pregam uma releitura da relação homem-natureza, cujo ponto de partida é a superação do paradigma antropocêntrico. Prega-se a hermenêutica ecológica dos textos bíblicos[61] que permita o resgate de uma cosmovisão, em superação ao antropocentrismo,[62] de modo a "despertar no ser humano a responsabilidade consciente da importância de ser um cocriador com Deus".[63]

---

[58] Original: "An example of this is Pope Pius IX's refusal in the nineteenth century to allow establishment of a society for the protection of animals in Rome, when he said to the English anti-vivisectionist Anna Kingsford, 'Madame, humankind has no duties to the animals'". SINGER, Peter. *Defense of animals*: the second wave. Oxford: Blackwell Publishing, 2006, p. 76.

[59] Emblemática, nesse aspecto, a conhecida oração (cântico) de São Francisco de Assis, denominada Cântico do Irmão Sol. Nela, São Francisco se refere fraternalmente à natureza e seus elementos. Chama o Sol de irmão; a Lua, as estrelas e a água, de irmãs; a terra, de mãe; e assim por diante. A exemplo: "Louvado sejas, meu Senhor. Com todas as tuas criaturas. Especialmente o Senhor Irmão Sol, Que clareia o dia. E com sua luz nos alumia. [...] Por nossa irmã a mãe Terra. Que nos sustenta e governa. E produz frutos diversos. E coloridas flores e ervas". Disponível em: <http://www.franciscanos.org.br/?page_id=4056>.

[60] BOFF, Leonardo. *Saber cuidar*: ética do humano, compaixão pela terra. Petrópolis: Vozes, 1999, p.169.

[61] Propondo releitura dos salmos a partir de uma lupa ambiental: REIMER, Haroldo. *Bíblia e ecologia*. São Paulo: Reflexão, 2010, p. 99.

[62] REIMER, Haroldo. *Bíblia e ecologia*. São Paulo: Reflexão, 2010, p. 13.

[63] LIMA, Fabrício Wantoil. *A Bíblia e o direito*: princípios ambientais. Leme: Edijur, 2015, p. 68.

A partir de uma teologia da compaixão, Palhano e Sanches demonstram que os ensinamentos de Jesus conduziam à separação da prática do sacrifício de animais, anteriormente comum como meio de expiação do homem, e propunham, ao revés, o perdão dos pecados diretamente, sem a necessidade de intermediação de templos ou sacrifícios:

Portanto, uma teologia que negue aos animais não humanos o direito de ter suas vidas respeitadas, seu suplício findado é uma antiteologia que continua a perpetuar os gemidos lancinantes da criação numa atitude de incapacidade de reconhecer a profundidade do termo "salvação".[64]

Em total contraposição à citada passagem do Papa Pio IX, o atual pontífice, Papa Francisco, demonstra preocupação com o trato da natureza,[65] o que se extrai não só da adoção do nome, em referência ao mencionado São Francisco de Assis, mas também na recente Encíclica *Laudato Si*, em que prega uma ecologia integral e expõe uma visão holística de mundo nunca antes vinda de uma autoridade máxima da Igreja Católica.[66] Vale o registro de que as encíclicas papais, ao contrário do que poderia pensar aquele que não se encontra familiarizado com o tema, possuem relevância não só no campo da religião, como orientação aos fiéis, mas irradia seus efeitos para outras searas, notadamente para o campo jurídico.[67]

---

[64] PALHANO, Jerson José Darif; SANCHES, Mário Antônio. Teologia da compaixão com os animais: a prática de Jesus. *Revista PistisPrax, Teol. Pastor*, Curitiba, v. 5, n. 1, p. 169-184, jan./jun. 2013. p. 182.

[65] Em passagem recente, amplamente divulgada por veículos de comunicação de reconhecimento internacional, o Pontífice teria chegado a sugerir, em uma de suas falas, que todos os seres têm um lugar no céu, abrindo margem para discutir se os animais possuem alma e são dignos do paraíso. A exemplo dos meios que divulgaram a notícia: <http://www.nytimes.com/2014/12/12/world/europe/dogs-in-heaven-pope-leaves-pearly-gate-open-.html?_r=0>. É certo que existe divergência sobre o que realmente foi dito pelo Papa, mas fato é que a discussão repercutiu e colocou em evidência uma discussão sobre a forma de ver e tratar os demais seres vivos.

[66] Entre tantas passagens passíveis de citação, vale transcrever a seguinte, que versa sobre a atitude de São Francisco de Assis (item 11, p. 10): "O seu testemunho mostra-nos também que uma ecologia integral requer abertura para categorias que transcendem a linguagem das ciências exactas ou da biologia e nos põem em contacto com a essência do ser humano. Tal como acontece a uma pessoa quando se enamora por outra, a reacção de Francisco, sempre que olhava o sol, a lua ou os minúsculos animais, era cantar, envolvendo no seu louvor todas as outras criaturas" (*Carta Encíclica Laudato Si*. Sobre o cuidado da casa comum, do Santo Padre Francisco, 24 maio 2015, p. 10, tópico 11. Disponível em: <http://w2.vatican.va/content/francesco/pt/encyclicals/documents/papa-francesco_20150524_enciclica-laudato-si.html>).

[67] Sobre o papel das encíclicas no Direito, lúcida é a lição de Paulo Lopo Saraiva, ao tratar do tema, especificamente, no que tange aos direitos sociais, iniciando pela Encíclica *Rerum Novarum*, de Leão XIII, datada de 15 de maio de 1891, e passando por outras de

Do exposto, é possível concluir que, no mundo pré-moderno, apesar das inevitáveis diversidades, (pre)dominava uma visão holística de mundo, com o homem inserido na natureza que o cerca, como parte dela. Fosse por medo, reverência ou compaixão, a natureza gozava de certa proteção e de determinadas prerrogativas, o que demonstra uma visão da questão ambiental muito diferente daquela que viria a ser apregoada pela era moderna. A forma organicista de ver a natureza gerava sua proteção e restringia as ações humanas sobre o meio ambiente.

1.3.2 O mundo moderno

O iluminismo rompe com a visão tratada anteriormente, ao introduzir novos paradigmas que passarão a orientar a forma como o homem enxerga a si mesmo. A filosofia iluminista altera, radicalmente, o relacionamento do homem com o restante do mundo, ao deixar de vê-lo como inserido no ambiente e passar a considerá-lo uma grandeza à parte. Basicamente, dois são os valores trazidos com as luzes: o antropocentrismo e o primado da razão.

Assentando-se sobre esses valores, o homem não mais se vê como um ser introduzido no ambiente, como parte da natureza, mas sim como a finalidade última de tudo, como o centro de toda a criação, o que lhe permite explorar e utilizar a natureza da forma como bem entender. É ele o único ser a possuir direitos, o único sujeito, sendo tudo o mais objeto.[68]

Como diz Prigogine:

> O pensamento no Ocidente, contrariamente ao da Índia, por exemplo, que insistiu sempre na unidade do homem e da natureza, conduziu a uma dicotomia entre dois grandes projectos, o da inteligibilidade da natureza e o do humanismo.[69]

---

igual relevância, como: a *Quadragesimmo Anno*, do Papa Pio XI, datada de 1931; a *Mater et Magistra* e a *Pacem in Terris*, ambas do Papa João XXIII, datadas, respectivamente, de 1961 e 1963; a *Populorum Progressio*, de Paulo VI, datada de 1967; e a *Redemptor Hominis*, de João Paulo II, datada de 1979. Todas elas, em maior ou menor grau, influenciaram a formação e a consolidação do Estado Social em superação ao modelo puramente liberal, solidificando os direitos de segunda dimensão. Afinal, como diz o autor, "à Igreja não cabe apenas o pastoreio espiritual, mas também a orientação material de seus fiéis". SARAIVA, Paulo Lopo. *Garantia constitucional dos direitos sociais no Brasil*. Rio de Janeiro: Forense, 1983, p. 19-20.

[68] FERRY, Luc. *Aprender a viver*. Tradução de Vera Lúcia dos Reis. Rio de Janeiro: Objetiva, 2007, p. 127.
[69] PRIGOGINE, Ilya. *O reencantamento do mundo*. In: MORIN, Edgar; PRIGOGINE, Ilya *et al*. *A sociedade em busca de valores*: para fugir à alternativa entre o cepticismo e o dogmatismo. Tradução de Luís M. Couceiro Feio. Lisboa: Instituto Piaget, 1996, p. 230.

Essa nova corrente de pensamento, que relegará a questão ambiental a um segundo plano, será evidenciada a partir do pensamento de alguns dos principais pensadores da época moderna, a saber: Descartes, Rousseau, Kant e Bacon. Foram eles que, em maior ou menor grau, distanciaram o homem do meio ambiente. Seus trabalhos esforçaram-se na tentativa de traçar um marco diferenciador entre homem e natureza.

Nascido na França no final do século XVI, René Descartes, considerado o pai da modernidade, traçou o alicerce filosófico que sustentaria o pensamento iluminista a ser desenvolvido posteriormente por filósofos como Rousseau e Kant. Em sua antológica obra, *Discurso do método*,[70] Descartes funda o espírito crítico, o ceticismo, sintetizado na expressão *Dubito, ergo cogito, cogito, ergo sum*, que pode ser traduzida por "se eu duvido, eu penso, se eu penso, logo, existo".[71]

Daí porque, para Descartes, existia uma única verdade evidente: a existência do eu, princípio primeiro da filosofia cartesiana. Tudo o mais deveria ser analisado sob um olhar crítico e passar pelo filtro da razão para que, só então, fosse considerado também como verdade. Disse Descartes:

> Mas logo depois atentei que, enquanto queria pensar assim que tudo era falso, era necessariamente preciso que eu, que o pensava, fosse alguma coisa. E, notando que esta verdade – penso, logo existo – era tão firme e tão certa que todas as mais extravagantes suposições dos cépticos não eram capazes de abalá-la, julguei que poderia admiti-la sem escrúpulo como o primeiro princípio da filosofia que buscava.[72]

Surge daí o embrião do humanismo, filosofia que coloca o homem no centro do mundo, como o principal dos seres, uma vez que o fundamento de validade de tudo passa a ser o cogito, ou seja, o "eu", o ser humano. O método cartesiano faz tábula rasa das tradições, dos preconceitos, dos argumentos de autoridade, dos costumes e dos ensinamentos culturais e comunitários, uma vez que o único conhecimento válido é aquele que passa pelo crivo da razão.

O método científico proposto por Descartes transformaria para sempre a epistemologia ocidental, podendo ser resumido nas seguintes etapas: verificação do todo; análise das partes; sintetização dos grupos e,

---

[70] DESCARTES, René. *Discurso do método*. Tradução de Maria Ermantina Galvão. São Paulo: Martins Fontes, 2001.
[71] DESCARTES, René. *Discurso do método*. Tradução de Maria Ermantina Galvão. São Paulo: Martins Fontes, 2001, p. 38.
[72] DESCARTES, René. *Discurso do método*. Tradução de Maria Ermantina Galvão. São Paulo: Martins Fontes, 2001, p. 38.

finalmente, enumeração das conclusões e dos princípios. Percebe-se que, ao molecularizar a análise dos objetos, quebra-se a concepção holística.

Para Descartes, o instrumento de libertação do homem é a razão, de modo que sua teoria cria o paradigma do homem cartesiano, um ser abstrato, dotado de uma razão pura e generalizante e, por isso, por desconsiderar qualquer outra forma de conhecimento que não centrada na razão pura, Descartes será duramente criticado pelos filósofos do período da desconstrução, que propunham outras formas de produção de conhecimento e de verdades baseadas em influências históricas, nos sentidos e nos sentimentos. Nessa esteira, a crítica feita por Feuerbach:

> Em geral condeno incondicionalmente qualquer especulação absoluta, imaterial, auto-suficiente – a especulação que tira a sua matéria de si mesma. Sou astronomicamente diferente dos filósofos que arrancam os olhos da cabeça para poderem pensar melhor; eu, para pensar, necessito dos sentidos, mas acima de todos dos olhos, fundamento minhas ideias sobre materiais que podemos buscar sempre através das atividades dos sentidos, não produzo coisas a partir do pensamento, mas inversamente os pensamentos, a partir das coisas, mas coisa é somente o que existe fora da cabeça.[73]

Adotando a razão como único meio válido de conhecimento, é possível percebê-la também como um critério que diferencia qualitativamente quem a possui. Foi ela o principal fator utilizado pelos modernos para diferenciar o ser humano dos demais seres vivos para, assim, justificar a posição central que assumiria com o humanismo.

Com a razão, os homens conseguem, nos dizeres de Descartes, "tornarem-se como senhores e possuidores da natureza".[74] Ao substituir o cosmos dos antigos gregos e o Deus do pensamento cristão, o homem se torna o centro do universo,[75] passando, assim, a exercer uma posição de superioridade em relação à natureza. Ademais, para o filósofo, os animais não passariam de máquinas desalmadas, seres autômatos movidos unicamente pelo instinto.

Após Descartes, Jean-Jacques Rousseau, filósofo suíço, prosseguiu na empreitada da diferenciação entre homem e natureza. Para ele, os animais são seres naturais e, portanto, comportam-se de forma

---

[73] FEUERBACH, L. *A essência do cristianismo*. Tradução de José da Silva Brandão. Petrópolis: Vozes, 2007, p. 20
[74] DESCARTES, René. *Discurso do método*. Tradução de Maria Ermantina Galvão. São Paulo: Martins Fontes, 2001.
[75] FERRY, Luc. *Aprender a viver*. Tradução de Vera Lúcia dos Reis. Rio de Janeiro: Objetiva, 2007, p. 126.

predeterminada, levados pelo instinto. Já o ser humano é um ser antinatural capaz de, pela razão, afastar-se do instinto e, como consequência, autodeterminar-se de acordo com a sua própria vontade racional. O pensamento rousseauniano sobre o ponto fica claro na leitura do seguinte trecho de sua clássica obra *Discurso sobre a origem da desigualdade*:

> Em cada animal vejo somente uma máquina engenhosa a que a natureza conferiu sentidos para recompor-se por si mesma e para defender-se, até certo ponto, de tudo quanto tende a destruí-la ou estragá-la. Percebo as mesmas coisas na máquina humana, com a diferença de tudo fazer sozinha a natureza nas operações do animal, enquanto o homem executa as suas como agente livre. Um escolhe ou rejeita por instinto, e o outro, por um ato de liberdade, razão por que o animal não pode desviar-se da regra que lhe é prescrita, mesmo quando fora vantajoso fazê-lo, e o homem, em seu prejuízo, frequentemente se afasta dela. [...]
> A natureza manda em todos os animais, e a besta obedece. O homem sofre a mesma influência, mas considera-se livre para concordar ou resistir.[76]

Para o contratualista, só o ser humano é capaz de evoluir, de desenvolver habilidades, de tomar decisões racionais que o afastam dos instintos e, por isso, ele não está vinculado à natureza, não está predeterminado, sendo um ser antinatural.[77] Sartre, em sua teoria existencialista, retomando as ideias de Rousseau, afirma que, no homem, "a existência precede a essência", sequer sendo possível falar em "natureza humana", o que, segundo ele, torna a dignidade do homem mais elevada do que a dignidade do restante do mundo.[78]

Elencando as consequências do pensamento rousseauniano, Luc Ferry aponta, como uma delas, a concepção do homem como o único ser livre, uma vez que ele "não é prisioneiro de nenhum código natural ou histórico".[79] Após Descartes e Rousseau, foi a vez de Kant balizar

---

[76] ROUSSEAU, Jean-Jacques. *Discurso sobre a origem e os fundamentos da desigualdade entre os homens*. Tradução de Lourdes Santos Machado. 2. ed. São Paulo: Abril Cultural, 1978, p. 242-243. (Coleção Os Pensadores).

[77] Trinta anos após a morte de Rousseau, nascia Charles Darwin, cujos estudos, já referidos no início do presente capítulo, desmontariam a ideia de que somente o homem evolui, permanecendo as demais espécies estáticas. Ainda mais tarde, já na segunda metade do séc. XIX, Freud, com sua psicanálise, provaria que o homem é muito mais condicionado por sentimentos instintivos do que jamais imaginariam os filósofos da modernidade.

[78] SARTRE, Jean-Paul. *O existencialismo é um humanismo*. Tradução de Rita Correia Guedes. Fonte: *L'Existentialisme est um Humanisme*. Paris: Les Éditions Nagel, 1970. Disponível em: <http://stoa.usp.br/alexccarneiro/files/-1/4529/sartre_exitencialismo_humanismo.pdf>.

[79] FERRY, Luc. *Aprender a viver*. Tradução de Vera Lúcia dos Reis. Rio de Janeiro: Objetiva, 2007, p. 141.

parâmetros de diferenciação entre homem e natureza. Em conhecida formulação, emblema do antropocentrismo, o prussiano define o homem como "um fim em si mesmo", como o único ser moral capaz de se desprender dos instintos para agir de forma desinteressada e focada no bem universal. Vale a transcrição de trecho da obra de Kant:

> Admitido, porém, que haja alguma coisa cuja existência em si mesma tenha um valor absoluto e que, como um fim em si mesmo, possa ser a base de leis determinadas, nessa coisa e só nela é que estará a base de um possível imperativo categórico, quer dizer de uma lei prática.
>
> Ora digo eu: - O homem, e, duma maneira geral, todo o ser racional, existe como um fim em si mesmo, não só como meio para o uso arbitrário desta ou daquela vontade.
>
> [...] Os seres cuja existência depende, não em verdade de nossa vontade, mas da natureza, têm, contudo, se são seres irracionais, apenas um valor relativo como meios e por isso se chamam coisas, ao passo que os seres racionais se chamam pessoas.[80]

Da leitura é possível depreender uma clara diferenciação: de um lado o homem, racional, fim ao redor do qual orbita o mundo; do outro o restante, incluindo a natureza e demais criaturas, desprovidos da gloriosa racionalidade e, portanto, configurando-se como meros objetos.[81]

Francis Bacon, de forma mais radical, chega a falar em uma verdadeira tortura da natureza, a fim de obter dela todos os seus segredos, dizendo que "a natureza deve ser perseguida, subjugada e forçada a servir, escravizada, reprimida com força, torturada para se arrancar dela todos os seus segredos" (tradução do autor).[82] Diz ainda que "ciência e poder do homem coincidem, uma vez que, sendo a causa ignorada, frustra-se o efeito. Pois a natureza não se vence, se não quando se lhe

---

[80] KANT, Immanuel. *Fundamentação da metafísica dos costumes*. Tradução de Paulo Quintela. Lisboa: Edições 70, 2007, p. 64.

[81] É interessante perceber que, no trecho transcrito, Kant utiliza como critério de discrímen a razão, a racionalidade. Logo, de certo modo, deixa as portas abertas para que outros seres passem do mundo das coisas para o reino dos fins, desde que, para tanto, possuam a capacidade de raciocinar. Na época, porém, acreditava-se piamente que o ser humano seria a única criatura dotada de razão. Atualmente, estudos de importantes instituições científicas (como a Associação Americana para a Promoção da Ciência – AAAS) demonstram que diversos animais não humanos possuem capacidade de raciocínio avançada.

[82] Original: "La naturaleza debe ser acosada en sus vagabundeos, sometida y obligada a servir, esclavizada, reprimida confuerza, torturada hasta arrancarle sus secretos". GALANO, Carlos. *Educación ambiental*: construcción desde el destierro. Rosario: Universidad Nacional de Rosario, Escuela de Educación y Formación Ambiental "Chico Mendes". Disponível em: <http://www.altaalegremia.com.ar/contenidos/Educacion_ambiental-Construccion_desde_el_ Destierro.html>.

obedece".[83] O termo "obedecer", como se vê no contexto, não significa respeitar, mas sim demonstra uma "obediência interessada", focada na dominação.[84] Como diz Capra, "a partir de Bacon, o objetivo da ciência passou a ser aquele conhecimento que pode ser usado para dominar e controlar a natureza e, hoje, ciência e tecnologia buscam sobretudo fins profundamente antiecológicos".[85] Dessarte, a ciência no mundo moderno era calcada em uma visão reducionista do mundo e das coisas, rechaçando as formas integrativas de compreensão, de modo que "os fenômenos biológicos que não podem ser explicados em termos reducionistas são considerados indignos de investigação científica".[86]

Não é por coincidência que a modernidade abre espaço e até mesmo justifica as grandes violações ao meio ambiente, impulsionadas, por exemplo, pelas Revoluções Industriais. Ora, se a natureza estava ali simplesmente para servir ao homem, não haveria por que poupá-la. Se o homem é um fim em si mesmo, e tudo o mais são meios para satisfazê-lo, o humanismo abre caminho, ainda que não intencionalmente, às violações acima mencionadas.

O crescimento econômico, as descobertas científicas e as revoluções na indústria passaram a demandar (e possibilitar) cada vez mais a intensa intervenção do homem na natureza (que, lembre-se, era tida como mero objeto). Como consequência, após séculos de exploração, começa-se a perceber os danos causados ao ambiente, surgindo, daí, a necessidade de se repensar a relação homem-natureza, o que fará com que determinados pensamentos antigos passem a reviver.

1.3.3 O mundo pós-moderno

O Ocidente se conformou com os dogmas da modernidade de tal sorte que eles foram capazes de gerar uma normalização no modo

---

[83] BACON, Francis. *Novum organum ou verdadeiras indicações acerca da interpretação da natureza*. Tradução de José Aluysio Reis de Andrade. Edição virtual disponível em: <http://www.dominiopublico.gov.br/>.

[84] O físico austríaco Fritjof Capra faz duras críticas a Bacon, especulando que a violência com este se referia à natureza parecia ser inspirada nos julgamentos de pessoas acusadas de bruxaria, cuja realização era comum na época do filósofo inglês, que, inclusive, era familiarizado com os libelos, uma vez que ocupava o cargo de chanceler durante o reinado de Jaime I. CAPRA, Fritjof. *O ponto de mutação*. Tradução de Álvaro Cabral. 27. ed. São Paulo: Cultrix, 2006, p. 52.

[85] CAPRA, Fritjof. *O ponto de mutação*. Tradução de Álvaro Cabral. 27. ed. São Paulo: Cultrix, 2006, p. 51.

[86] CAPRA, Fritjof. *O ponto de mutação*. Tradução de Álvaro Cabral. 27. ed. São Paulo: Cultrix, 2006, p. 96.

de pensar e de agir do homem ocidental.[87] Não é por outro motivo que o antropocentrismo e o racionalismo permaneceram hegemônicos por tempo suficiente para que a intervenção do homem na natureza provocasse alterações substanciais no ambiente.

As mudanças provocadas pelo homem foram tamanhas que passaram a prejudicar o próprio ser humano: mudanças climáticas; escassez de bens naturais; extinção de espécies, ocasionando distorções nos ecossistemas; poluição intensa, causadora do aumento de doenças; entre outras decorrências. Isso fez com que o homem, sobretudo a partir da segunda metade do século XX, voltasse os olhos para a questão ambiental.

Preocupadas com as consequências da instrumentalização do meio ambiente, vozes surgem na filosofia para propor a retomada de valores antigos (pré-modernos), como a visão holística de mundo própria do estoicismo. Autores como James Lovelock,[88] Fritjof Capra,[89] Peter Singer,[90] Edgar Morin[91]e Leonardo Boff[92] são alguns dos expoentes dessa corrente, cujos pensamentos serão evidenciados mais adiante.

No entanto, para que essas vozes pudessem ecoar com maior intensidade, necessário se fez, antes, desconstruir (ou, ao menos, abalar) as bases do pensamento moderno com o antropocentrismo e racionalismo. Passa-se a expor alguns desses abalos.

1.3.3.1 O ego sentimental e o homem como animal em processo de evolução

No iluminismo, o homem, diferentemente dos demais animais, é um ser apartado da natureza, não predeterminado por instintos, mas

---

[87] MORIN, Edgar. *O método*: as ideias, habitat, vida, costumes, organização. v. 4. Tradução de Juremir Machado da Silva. 4. ed. Porto Alegre: Sulina, 2008, p. 29-31.
[88] LOVELOCK, James. *Gaia: a new look at life on Earth*. Oxford University Press, 2000.
[89] CAPRA, Fritjof. *O ponto de mutação*. Tradução de Álvaro Cabral. 27. ed. São Paulo: Editora Cultrix, 2006.
[90] SINGER, Peter. *Libertação animal*. Porto Alegre: Lugano, 2004.
SINGER, Peter. *Defense of animals: the second wave*. Oxford: Blackwell Publishing, 2006.
[91] MORIN, Edgar. *A cabeça bem-feita*: repensar a reforma, reformar o pensamento. Tradução de Eloá Jacobina. 11. ed. Rio de Janeiro: Bertrand, 2005.
MORIN, Edgar. *O método*: as ideias, habitat, vida, costumes, organização. v. 4. Tradução de Juremir Machado da Silva. 4. ed. Porto Alegre: Sulina, 2008.
MORIN, Edgar; PRIGOGINE, Ilya et al. *A sociedade em busca de valores*: para fugir à alterativa entre o cepticismo e o dogmatismo. Tradução de Luís N. Couceiro Feio. Lisboa: Instituto Piaget, 1996.
[92] BOFF, Leonardo. *Saber cuidar*: ética do humano, compaixão pela terra. Petrópolis: Vozes, 1999. BOFF, Leonardo. *Sustentabilidade*: o que é – o que não é. Petrópolis: Vozes, 2012.

livre pela razão. O homem é capaz, portanto, de agir sem interesses, voltado unicamente para o bem comum. Sigmund Freud discordou. Para o pai da psicanálise, por trás de toda ação humana, até mesmo as que parecem mais "racionais", existem escolhas inconscientes. Em seus estudos sobre *id, ego e superego*, Freud demonstrou que, por mais racionais que possam parecer, os atos humanos são condicionados, em maior ou menor grau, por forças instintivas (inconscientes).[93]

O ego constitui o aspecto racional da personalidade, mediando a relação entre o id (instinto) e a realidade, agindo, figurativamente, como as rédeas do cavalo, controlando os impulsos do id na tentativa de substituir o princípio do prazer pelo princípio da realidade. Como diz Freud: "o ego representa o que pode ser chamado de razão e senso comum, em contraste com o id, que contém as paixões".[94] O superego, a seu turno, representa o aspecto moral da personalidade, sendo construído desde a infância a partir de censuras morais exercidas, inicialmente, pelos pais e, posteriormente, por outras pessoas em posição de autoridade (professores, por exemplo).[95] O homem é, desse modo, a soma de racionalidade, instintividade e moralidade.

A racionalidade, representada pelo ego, é somente um dos componentes das atitudes humanas, não o único[96] (e, muitas das vezes, sequer o mais importante). Cai por terra o racionalismo do homem cartesiano: o homem deixa de ser somente um "penso" para ser, também, um "sinto",[97] de *cogito ergo sum*, para *sentio ergo sum*[98]. Segundo Boff,

---

[93] FREUD, Sigmund (1923). *O ego e o id*. v. 19. Rio de Janeiro: Imago, 1996. Edição Standard Brasileira das Obras Completas de Sigmund Freud.

[94] FREUD, Sigmund (1923). *O ego e o id*. v. 19. Rio de Janeiro: Imago, 1996. Edição Standard Brasileira das Obras Completas de Sigmund Freud.

[95] FREUD, Sigmund (1923). *O ego e o id*. v. 19. Rio de Janeiro: Imago, 1996. Edição Standard Brasileira das Obras Completas de Sigmund Freud.

[96] Sobre a complexidade do ser humano, racional e emocional, interessante a seguinte passagem de Morin: "Um pesquisador científico é objetivista e cientista com o seu material de laboratório, sendo que todas as suas comunicações nos congressos e revistas obedecem aos critérios de cientificidade. Contudo, mesmo no seu laboratório, a sua subjetividade irrompe em excitações, simpatias, atrações, nas relações com os colegas, com os mestres, com os assistentes, com as mulheres que ali trabalham". MORIN, Edgar. *O método*: as ideias, habitat, vida, costumes, organização. v. 4. Tradução de Juremir Machado da Silva. 4. ed. Porto Alegre: Sulina, 2008, p. 272.

[97] Vale a lembrança da célebre obra *O pequeno príncipe*, do escritor francês Antoine de Saint Exupéry, em passagem que diz: "Eis o meu segredo. É muito simples: só se vê bem com o coração. O essencial é invisível para os olhos", ou seja, a racionalidade é apenas um dos atributos do humano, a ser complementada por muitos outros, como a emoção. SAINT-EXÚPERY, Antoine de. *O pequeno príncipe*. Tradução de Dom Marcos Barbosa. 51. ed. Rio de Janeiro: Agir, 2015, p. 72.

[98] BOFF, Leonardo. *Saber cuidar*: ética do humano, compaixão pela terra. Petrópolis: Vozes, 1999, p. 100.

o aspecto fundamental do ser humano é o cuidado (que possui forte aspecto emocional), e não a racionalidade. Diz o autor que:

a essência humana não se encontra tanto na inteligência, na liberdade ou na criatividade, mas basicamente no cuidado. O cuidado é, na verdade, o suporte real da criatividade, da liberdade e da inteligência. No cuidado se encontra o ethos fundamental do humano. Quer dizer, no cuidado identificamos os princípios, os valores e as atitudes que fazem da vida um bem-viver e das ações um reto agir.[99]

O aspecto emocional constitui, portanto, a essência do ser humano,[100] está na "origem da existência do ser humano", de modo que, sem ele, o homem "continuaria sendo apenas uma porção de argila como qualquer outra à margem do rio, ou um espírito angelical desencarnado e fora do tempo histórico".[101] Aliás, o próprio conceito de inteligência, anteriormente relacionado única e exclusivamente à racionalidade, passa por profundas transformações. O psicólogo formado em Harvard, Daniel Goleman, ao tratar da inteligência emocional, diz que:

Como a mente racional leva um ou dois momentos mais para registrar e reagir do que a mente emocional, o "primeiro impulso" numa situação emocional é do coração, não da cabeça.[102]

Em interessante análise, Goleman explica que as emoções afetam a própria capacidade de pensar, ou seja, o que era visto pelos modernos como atribuição única e exclusiva da mente (razão) é, na realidade, fruto de uma série de interconexões envolvidas por elementos, inclusive, emocionais. A razão não existe sozinha nem funciona corretamente sem uma plena harmonia com os demais aspectos que envolvem o ser humano. Sobre a constatação, vale a transcrição do seguinte trecho:

Vejam o poder das emoções de perturbar o próprio pensamento. Os neurocientistas usam o termo "memória funcional" para a capacidade de atenção que guarda na mente os fatos essenciais para concluir uma

---

[99] BOFF, Leonardo. *Saber cuidar*: ética do humano, compaixão pela terra. Petrópolis: Vozes, 1999, p. 11-12.
[100] Nos dizeres de Gadotti: "O homem não é só coração, mas é mais do que um animal racional, como queria Aristóteles. É razão e também é intuição". GADOTTI, Moacir. *Pedagogia da terra*. 2. ed. São Paulo: Peirópolis, 2001, p. 190.
[101] BOFF, Leonardo. *Saber cuidar*: ética do humano, compaixão pela terra. Petrópolis: Vozes, 1999, p. 101.
[102] GOLEMAN, Daniel. *Inteligência emocional*: a teoria revolucionária que redefine o que é ser inteligente. Rio de Janeiro: Objetiva, 1995, p. 192.

determinada tarefa ou problema, sejam os aspectos ideais que buscamos numa casa quando examinamos vários prospectos, sejam os elementos de um problema de raciocínio num teste. O córtex pré-frontal é a região do cérebro responsável pela memória funcional. Mas os circuitos que vão do cérebro límbico aos lobos pré-frontais significam que os sinais de forte emoção ansiedade, ira e afins-podem criar estática neural, sabotando a capacidade do lobo pré-frontal de manter a memória funcional. É por isso que, quando estamos emocionalmente perturbados, dizemos: "Simplesmente não consigo pensar direito" e porque a contínua perturbação emocional cria deficiências nas aptidões intelectuais da criança, mutilando a capacidade de aprender.[103]

Darwin, por sua vez, demonstrou que o ser humano nada mais é do que o produto (não final) da evolução guiada pela força da seleção natural. Não é o homem superior ou mesmo separado da natureza, mas dela faz parte, relacionando-se, diretamente, com os demais seres vivos. Copérnico revelou que a Terra não é o centro do universo, o que, como consequência, tira o homem do centro do cosmos, causando mais um abalo ao ego humano, como diz Freud:

> No transcorrer dos séculos, o ingênuo amor-próprio dos homens teve de submeter-se a dois grandes golpes desferidos pela ciência. O primeiro foi quando souberam que a nossa Terra não era o centro do universo, mas o diminuto fragmento de um sistema cósmico de uma vastidão que mal se pode imaginar. Isto estabelece conexão, em nossas mentes, com o nome de Copérnico, embora algo semelhante já tivesse sido afirmado pela ciência de Alexandria. O segundo golpe foi dado quando a investigação biológica destruiu o lugar supostamente privilegiado do homem na criação, e provou sua descendência do reino animal e sua inextirpável natureza animal. Esta nova avaliação foi realizada em nossos dias, por Darwin, Wallace e seus predecessores, embora não sem a mais violenta oposição contemporânea. Mas a megalomania humana terá sofrido seu terceiro golpe, o mais violento, a partir da pesquisa psicológica da época atual, que procura provar o ego que ele não é senhor nem mesmo em sua própria casa, devendo, porém, contentar-se com escassas informações acerca do que acontece inconscientemente em sua mente.[104]

Assim, as convicções modernas que sustentavam o ego humano em uma posição de superioridade em relação à natureza e que situavam

---

[103] GOLEMAN, Daniel. *Inteligência emocional*: a teoria revolucionária que redefine o que é ser inteligente. Rio de Janeiro: Objetiva, 1995, p.22.

[104] FREUD, Sigmund (1923). *O ego e o id*. v. 19. Rio de Janeiro: Imago, 1996. Edição Standard Brasileira das Obras Completas de Sigmund Freud.

todo o universo ao redor do homem sofrem intensos abalos, capazes de abrir as portas para outras formas de pensamento calcadas em novas visões de mundo.

1.3.3.2 A falsa ideia de neutralidade do conhecimento

Nem mesmo o conhecimento científico saiu da modernidade ileso. Impende visualizar que o conhecimento e a sua produção, para os modernos, eram eminentemente neutros, frutos da razão abstrata. Foi essa, aliás, a característica que praticamente sacralizou a ciência moderna, colocando-a no pedestal outrora reservado à religião.

Contudo, como visto em Freud, sequer o ser humano é dotado de neutralidade e, portanto, tudo aquilo que ele produz é fruto de um plexo de variáveis, e não só da pretensa racionalidade pura.

Destarte, autores como Edgar Morin são firmes em dizer que o modo de produção do conhecimento é altamente influenciado por fatores culturais, existindo uma verdadeira relação recursiva entre cultura e conhecimento, que se influenciam, condicionam-se e determinam-se reciprocamente:

> Assim, o conhecimento está ligado, por todos os lados, à estrutura da cultura, à organização social, à práxis histórica. Ele não é apenas condicionado, determinado e produzido, mas é também condicionante, determinante e produtor (o que demonstra de maneira evidente a aventura do conhecimento científico).[105]

A influência cultural no aspecto cognoscitivo do homem é tamanha que Morin, parafraseando o zoólogo austríaco Konrad Lorentz, chega mesmo a falar em um "Imprinting cultural", capaz de marcar o ser humano, de modo indelével, já nos seus primeiros momentos de vida, alterando inclusive a formação das sinapses.[106]

Por consequência, não existe, como queriam os pensadores modernos, um único conhecimento, uma verdade real, um saber absoluto

---

[105] MORIN, Edgar. O método: as ideias, habitat, vida, costumes, organização. v. 4. Tradução de Juremir Machado da Silva. 4. ed. Porto Alegre: Sulina, 2008, p. 27.
[106] MORIN, Edgar. O método: as ideias, habitat, vida, costumes, organização. v. 4. Tradução de Juremir Machado da Silva. 4. ed. Porto Alegre: Sulina, 2008, p. 29-31. O termo *imprinting* foi utilizado pela primeira vez na zoologia, tendo sido cunhado por Konrad Lorentz, prêmio Nobel de fisiologia ou medicina de 1973, para se referir às marcas incontornáveis impostas pelas experiências do jovem animal. Morin aponta que, desde o ventre materno, o ser humano recebe impulsos e experiências capazes de condicioná-lo fortemente no decorrer da vida.

fruto da razão desinteressada, mas sim diversos modos de conhecer e apreender o mundo, cuja variável cultural é extremamente influente.

1.3.3.3 Virada estoica

Abalados os alicerces do pensamento moderno, uma nova corrente surgiu, reaproximando o homem da natureza, valorizando, assim como no mundo pré-moderno, a questão ambiental, promovendo uma verdadeira "virada estoica".

Abandona-se, nos dizeres de Morin: "o sonho alucinado de conquista do Universo e dominação da natureza – formulado por Bacon, Descartes, Buffon e Marx –, que incentivou a aventura conquistadora da técnica ocidental".[107]

Na retomada da visão holística, destaca-se o pesquisador inglês James Lovelock com sua obra *Gaia*: uma nova visão sobre a vida na terra, publicada em 1979, na qual buscou demonstrar, a partir de bases científicas, que o planeta Terra funciona como um grande organismo vivo,[108] isto é, Gaia.[109] Pioneiro, pode-se dizer que Lovelock é, retomando Morin, um sujeito desviante, inovador, cujo pensamento foi capaz de quebrar o determinismo cultural antropocêntrico, sendo relevante lembrar que sua teoria, inicialmente desacreditada por grande parte da comunidade científica, passaria, nos anos seguintes, a angariar adeptos das mais diferentes áreas, o que possibilitou o desenvolvimento de uma nova forma de ver e tratar o mundo. Diz Morin:

> Bem entendido, é necessário que o indivíduo inicialmente desviante, ou mesmo insano, seja reconhecido por um primeiro grupo de adeptos e que, nas ciências, observações ou experiências venham a fortalecer a concepção do inovador. A partir daí, a difusão e a vitória dessa concepção dependerão das condições semi-aleatórias da batalha de ideias, nas quais podem desempenhar papel eficaz acontecimentos extraculturais

---

[107] MORIN, Edgar. *A cabeça bem-feita*: repensar a reforma, reformar o pensamento. Tradução de Eloá Jacobina. 11. ed. Rio de Janeiro: Bertrand, 2005, p. 39.

[108] A ideia da Terra como organismo vivo foi cunhada, primeiramente, por W. Vernadsky, geoquímico russo, ainda nos idos de 1920, como aponta Boff. BOFF, Leonardo. *Sustentabilidade*: o que é – o que não é. Petrópolis: Vozes, 2012, p. 86.

[109] O autor toma emprestado o nome da já deusa que, na mitologia grega, representava a própria Terra. É interessante perceber que o conceito de "mãe natureza" será retomado no novo constitucionalismo latino-americano sob o nome de Pachamama. Após Lovelock, outros autores passaram a utilizar a referência à Gaia, como o ambientalista brasileiro José Lutzenberger, em seu livro *Gaia, o planeta vivo*. LUTZENBERGER, José Antônio. *Gaia, o planeta vivo*. Porto Alegre: L&PM, 1990.

(favor de um príncipe, mecenas, ministro), eles próprios abrindo, do exterior, uma brecha no determinismo cultural.

Para Lovelock, Gaia seria formada por um conjunto de fatores, incluindo os seres vivos, que, ligados por diversas redes de conexão, exercem, cada qual, um papel fundamental para a manutenção da ordem e da harmonia.[110] Assim a define o autor: "Toda a superfície da Terra, incluindo a vida, é uma entidade autorreguladora, e é isso que eu chamo de Gaia" (tradução do autor).[111] Aí a razão pela qual ela deve ser vista em seu conjunto, como diz Morin: "A Terra é uma totalidade complexa físico-biológica-antropológica".[112]

Segundo Boff, a astronáutica contribuiu para tal visão, pois, ao ver a Terra por uma perspectiva externa (literalmente, de fora dela), foi possível perceber que ela é muito mais do que um composto de partes sólidas (continentes) e líquidas (mares, rios e oceanos).[113] Como diz Gadotti, "não só ela foi vista como uma bola azul no meio da escuridão do universo, mas foi percebida como uma só unidade".[114] Nos dizeres da Carta da Terra: "A Terra, nosso lar, está viva com uma comunidade de vida única".[115]

Assim, sob o olhar científico, Lovelock demonstra como a Terra (Gaia), entendida em seu conjunto, mantém as condições necessárias ao desenvolvimento da vida, autorregulando-se. Segundo afirma, a principal característica de Gaia é a manutenção das condições necessárias ao desenvolvimento da vida, *in verbis*:

> A característica mais importante de Gaia é a tendência de manter as condições constantes para a manutenção de toda a vida terrestre. Desde que nós não interferiramos seriamente em seu estado de homeostase, esta tendência deve ser tão predominante agora como era antes da chegada do homem em cena.[116] (tradução do autor)

---

[110] LOVELOCK, James. *Gaia: a new look at life on Earth*. Oxford University Press, 2000, p. 1.
[111] Original: "The entire surface of the Earth including life is a self-regulation entity and this is what I mean by Gaia". LOVELOCK, James. *Gaia: a new look at life on Earth*. Oxford University Press, 2000, p. IX.
[112] MORIN, Edgar. *A cabeça bem-feita*: repensar a reforma, reformar o pensamento. Tradução de Eloá Jacobina. 11. ed. Rio de Janeiro: Bertrand, 2005, p. 40.
[113] BOFF, Leonardo. *Sustentabilidade*: o que é – o que não é. Petrópolis: Vozes, 2012, p. 86.
[114] GADOTTI, Moacir. *Pedagogia da terra*. 2. ed. São Paulo: Peirópolis, 2001, p. 189.
[115] CARTA da Terra. Disponível em: <http://www.mma.gov.br/estruturas/agenda21/_arquivos/carta_terra.pdf>.
[116] Original: "The most important property of Gaia is the tendency to keep constant conditions for all terrestrial life. Provided that we have not seriously interfered with her state of homoeostasis, this tendency should be as predominant now as it was before man's arrival

Para o físico austríaco Fritjof Capra, o mundo também deve ser visto de uma maneira global, a partir do reconhecimento de que todos os fenômenos estão interligados, fazendo parte de um fluxo cósmico constante. Retomando o cosmos ordenado do estoicismo, e se referindo à cultura chinesa, Capra diz que o cosmos (ordem natural) é resultado do equilíbrio dinâmico entre o yin e o yang.[117] Contrastando com a visão moderna, representada pelo cartesianismo, Capra defende uma visão sistêmica (teoria dos sistemas), compreendida pela inter-relação de fenômenos físicos, biológicos, culturais, sociais e psicológicos, nos seguintes termos:

> Em contraste com a concepção mecanicista cartesiana, a visão de mundo que está surgindo a partir da física moderna pode caracterizar-se por palavras como orgânica, holística e ecológica. Pode ser também denominada visão sistemática, no sentido da teoria geral dos sistemas. O universo deixa de ser visto como uma máquina, composta de uma infinidade de objetos, para ser descrito como um todo dinâmico, indivisível, cujas partes estão essencialmente inter-relacionadas e só podem ser entendidas como modelos de um processo cósmico.[118]

Há, portanto, diferença fundamental em relação ao modelo cartesiano: pela teoria dos sistemas, o foco não é a parte, o indivíduo, o ser humano, mas sim o todo, os princípios básicos de organização, os sistemas em nível macro, e não micro.[119] É o que Boff denomina de "cosmologia da transformação", que se apresenta como "expressão da era do ecozoico". Versa o autor que:

> Esta nova cosmologia se revela inspiradora e salvadora. Ao invés de dominar a natureza, coloca-nos no seio dela em profunda sintonia e sinergia, aberta sempre a novas transformações. [...]
> O que caracteriza esta nova cosmologia é o reconhecimento do valor intrínseco de cada ser e não de sua mera utilização humana, o respeito por toda a vida, a dignidade da natureza e não sua exploração, o cuidado

---

on the scene". LOVELOCK, James. *Gaia: a new look at life on Earth.* Oxford University Press, 2000, p. 119.
[117] CAPRA, Fritjof. *O ponto de mutação.* Tradução de Álvaro Cabral. 27. ed. São Paulo: Cultrix, p. 33.
[118] CAPRA, Fritjof. *O ponto de mutação.* Tradução de Álvaro Cabral. 27. ed. São Paulo: Cultrix, 2006, p. 72.
[119] CAPRA, Fritjof. *A teia da vida*: uma nova compreensão científica dos sistemas vivos. Tradução de Newton Roberval Eichemberg. São Paulo: Cultrix, 1996, p. 16. É preciso perceber que a teoria dos sistemas apregoa que o todo não é apenas a soma das partes. Assim, o conjunto possui características próprias que as partes, isoladamente, não detêm, razão pela qual a teoria somente pode ser entendida a partir de uma visão holística.

no lugar da dominação, a espiritualidade como um dado da realidade humana e não apenas expressão de uma religião.[120]

Pela teoria sistêmica, cada ação gera uma consequência e interfere no todo, o que leva, obviamente, à preocupação com a questão ambiental, uma vez que, para que a organização mantenha-se estável, é necessário respeitar os seus diversos componentes. Uma ação desordenada leva à instabilidade, daí porque o ser humano necessita preservar a natureza e conviver em harmonia com aquilo que o cerca, como diz Capra:

> Num ecossistema equilibrado, animais e plantas convivem numa combinação de competição e mútua dependência. Cada espécie tem potencial suficiente para realizar um crescimento exponencial de sua população, mas essas tendências são refreadas por vários controles e interações. Quando o sistema é perturbado, começam a aparecer "fujões" exponenciais. Esse descontrole faz com que algumas plantas se convertam em "ervas daninhas", alguns animais, em "pragas", e outras espécies sejam exterminadas. O equilíbrio, ou saúde, de todo o sistema estará então ameaçado. O crescimento explosivo desse tipo não está limitado aos ecossistemas, mas ocorre também em organismos individuais. O câncer e outros tumores são exemplos impressionantes de crescimento patológico.[121]

O filósofo australiano Peter Singer, a seu turno, defende não só que a natureza deve ser respeitada, mas também que os animais sencientes sejam reconhecidos como sujeitos de direitos e, portanto, que as ações humanas sobre eles possuam uma série de restrições que visem à proteção do seu bem-estar e à eliminação da crueldade. Defende a denominada libertação animal, arguindo que esse movimento

> [...] vai exigir mais altruísmo por parte dos seres humanos do que qualquer outro movimento de libertação. Os animais são incapazes de exigir a sua própria libertação ou de protestar contra a sua condição através de votações, manifestações ou boicotes. Os seres humanos têm o poder de continuar a oprimir as outras espécies eternamente ou até tomarem este planeta impróprio para seres vivos. Continuará a nossa tirania, provando que a moral de nada vale quando entra em conflito com os interesses próprios, como sempre disseram os mais cínicos poetas e filósofos? Ou mostraremos estar à altura do desafio, provando a

---

[120] BOFF, Leonardo. *Sustentabilidade*: o que é – o que não é. Petrópolis: Vozes, 2012, p. 77-78.
[121] CAPRA, Fritjof. *O ponto de mutação*. Tradução de Álvaro Cabral. 27. ed. São Paulo: Cultrix, 2006, p. 258.

nossa capacidade de altruísmo genuíno ao pôr fim à exploração cruel das espécies que estão sob nosso domínio, não por sermos forçados a fazê-lo por rebeldes ou terroristas mas por reconhecermos que a nossa posição é moralmente indefensável?[122]

Assim é que a relação entre o homem e o ambiente foi e é fortemente influenciada pela concepção filosófica de vida que se adota. Em um primeiro momento, o homem se via inserido no ambiente e, por tal razão, preocupava-se com a questão ambiental, pois, em última *ratio*, cuidar do ambiente significava cuidar de si próprio, já que o todo (o cosmos; o universo; a natureza) era maior do que suas partes.

Mais tarde, o pensamento iluminista, o desenvolvimento tecnológico e as revoluções industriais produziram uma verdadeira guinada na relação homem-natureza. Alçado ao centro e ao topo do mundo, tido como único ser racional, moral e, portanto, digno de direitos, o ser humano passou a explorar o meio ambiente sem nenhuma preocupação.

Como resultado da ingerência humana desmedida sobre a natureza, a questão ambiental volta à tona, reforçada como uma corrente filosófica que, retomando a antiga visão holística característica do mundo pré-moderno, mas agora sob um enfoque mais racional do que propriamente religioso, demonstra a necessidade de uma convivência harmônica entre o homem e a natureza, como condição necessária à manutenção da vida, bem como a responsabilidade que o homem possui com a natureza e com as futuras gerações.[123]

No capítulo seguinte, expor-se-á, do ponto de vista jurídico, como a questão ambiental foi tratada nos diversos momentos da humanidade.

---

[122] SINGER, Peter. *Libertação animal*. Porto Alegre: Lugano, 2004, p. 170.
[123] MORIN, Edgar; PRIGOGINE, Ilya et al. *A sociedade em busca de valores*: para fugir à alterativa entre o cepticismo e o dogmatismo. Tradução de Luís M. Couceiro Feio. Lisboa: Instituto Piaget, 1996.

CAPÍTULO 2

A QUESTÃO JURÍDICO-AMBIENTAL

2.1 Noções

Passa-se a analisar como o Direito trata o tema. Aqui, a análise do trato jurídico da natureza dar-se-á, especialmente, com enfoque no movimento constitucionalista ocidental.

Para fins metodológicos, de modo a permitir uma visão mais clara sobre como o meio ambiente se viu inserido no movimento constitucionalista, será este abordado em três etapas: o constitucionalismo liberal; o constitucionalismo social; e, por fim, o novo constitucionalismo latino-americano. Tal divisão será mais bem explicitada adiante.

Ao final, será possível compreender, com uma visão macro, as diferentes formas com que a natureza e os animais foram inseridos, pelo homem, no Direito.

Antes, porém, de se adentrar em ambas as análises propostas acima, é relevante tecer algumas considerações sobre a relação existente entre a ciência jurídica e os demais elementos da vida social, até para que se deixe antever a íntima relação existente entre a perquirição aqui proposta e aquela levada a efeito no primeiro capítulo. Tais apontamentos são necessários para que se entenda o motivo pelo qual o mesmo tema (no caso, a questão ambiental) é passível de receber tratamentos jurídicos tão díspares.

De início, vale o alerta de Alaôr Caffé Alves, quando diz que:

> A racionalização instrumental do Direito apresenta-se sob formas ideológicas de neutralidade, abstração e impessoalidade que, em última instância, resultam em dissimular os antagonismos sociais. [...]

Nesse sentido, apontamos para a tese de que o direito aparece, no mundo da ideologia, precisamente como aquilo que ele próprio não é, como um todo sistemático, coerente, pleno e objetivo.[124]

O Direito, enquanto mecanismo de controle social, possui a pretensão de ser universal e, por isso, apresenta-se a partir de fórmulas aparentemente coerentes, livres de influências ideológicas. Manifesta-se, assim, como a única solução possível, como verdade absoluta, repleto de dogmas.

Tal disfarce não resiste, porém, a uma simples análise de direito comparado, reveladora de diferenças significativas entre os diversos ordenamentos jurídicos, demonstrando, dessa feita, a existência não de um só Direito, mas de múltiplos "Direitos".[125] Isso porque o Direito só existe no meio social e, em consequência, encontra-se impregnado pelos mais diversos fatores presentes no seio da comunidade na qual ele é criado.

Vale lembrar o antigo brocardo latino "ubi homo ibi societas; ubi societas ibi jus", formulado pelo jurisconsulto romano Ulpiano, no conhecido *Corpus Iuris Civilis*. A tradução dos dizeres, "onde está o homem há a sociedade; onde está a sociedade há o direito", encerra em si uma complexidade de difícil compreensão e permite antever a íntima relação existente entre o elemento jurídico e os demais elementos sociais.

Do brocardo é possível extrair que o Direito não se encontra dissociado da realidade social. Daí porque o ordenamento jurídico, longe de ser puro, isolado, é altamente influenciado pela sociedade na qual se encontra inserido e, portanto, acaba sofrendo os reflexos da filosofia de vida predominante no seio social, da religião que prevalece na comunidade, entre outros elementos extrajurídicos.[126] Logo, é preciso

---

[124] ALVES, Alaôr Caffé. A função ideológica do direito na sociedade moderna. In: CLÈVE, Clèmerson Merlin; BARROSO, Luis Roberto (Org.). *Doutrinas essenciais de direito constitucional*. v. II. São Paulo: Revista dos Tribunais, 2011, p. 25-26.

[125] Para uma visão ampla dos diferentes "Direitos", a partir da análise de sistemas jurídicos pouco estudados no Ocidente, como o indiano, africano, islâmico e asiático, ver LOSANO, Mario. G. *Os grandes sistemas jurídicos*: introdução aos sistemas jurídicos europeus e extra-europeus. Tradução de Marcela Varejão. São Paulo: Martins Fontes, 2007.

[126] Basta ver as teocracias, inclusive as constitucionais, existentes ainda hoje em diversas partes do mundo, nas quais religião é fator determinante da produção jurídica. No direito islâmico, por exemplo, o Corão se revela como uma das quatro grandes fontes jurídicas, influenciando, inclusive, a forma de escrita dos contratos privados, que comumente se iniciam pela fórmula introdutória dos suras "em nome de Deus, clemente e misericordioso". Da mesma forma, na seara penal, o direito islâmico praticamente identifica os pecados com os delitos, muitos deles punidos diretamente pelo Corão. Mario. G. *Os grandes sistemas jurídicos*: introdução aos sistemas jurídicos europeus e extra-europeus. Tradução de Marcela Varejão. São Paulo: Martins Fontes, 2007, p. 399-430.

que se leia o ordenamento jurídico, percebendo, nas entrelinhas, os demais elementos que guiam a vida social.[127] O Direito é, assim, um signo, um símbolo culturalmente criado e que, portanto, além de regular as relações sociais, é influenciado por elas, representando o discurso de verdade hegemônico de dada comunidade. Como alerta Foucault:

> A verdade é deste mundo; ela é produzida nele graças a múltiplas coerções e nele produz efeitos regulamentados de poder. Cada sociedade tem seu regime de verdade, sua "política geral" de verdade: isto é, os tipos de discurso que ela acolhe e faz funcionar como verdadeiros.[128]

Ainda, como diz André Vicente Rosa:

> A palavra "Direito" em si mesma carrega um conteúdo ético na medida em que se aproxima à ideia do "certo", do "correto", daquilo que é direito: pois, o Estado, ao positivar seu Direito, ele o fará sob uma justificativa que tende a tornar legítima tal positivação, qual seja: as normas jurídicas criadas pelo Estado o foram para possibilitar a convivência humana; através do Direito, garante o Estado a coesão do grupo e a existência social do homem.[129]

Vale lembrar as lições de Eros Roberto Grau, que, embasado em Karl Marx, traça a noção de direito pressuposto. Este, como diz Grau, existe no seio de cada sociedade e condiciona o direito posto (ou seja, o direito criado pelo Estado), mas, ao mesmo tempo, é também modificado pelas normas positivadas. Diz o autor:

Também o direito bramânico, na Índia, influenciado pelo sistema de castas da religião hindu, sobretudo nas questões de matrimônio e filiação. Mario. G. *Os grandes sistemas jurídicos*: introdução aos sistemas jurídicos europeus e extra-europeus. Tradução de Marcela Varejão. São Paulo: Martins Fontes, 2007, p. 469-470.

[127] É importante lembrar que o Direito é, também, um mecanismo de controle social e, como tal, tem a sua efetividade diretamente dependente de sua conformação às bases de pensamento que regem a sociedade na qual se encontra inserido. Não é possível pensar, por exemplo, que as mesmas regras jurídicas sobre propriedade possuam efetividade em sociedades capitalistas e comunistas, do mesmo modo que normas sobre casamentos e família serão distintas em Estados teocráticos e laicos. Assim, embora não raras vezes o discurso jurídico tente criar um mito de universalidade, é preciso compreender que não existe um Direito, mas vários. Sobre a influência dos aspectos ideológicos na produção do Direito e na interpretação da lei: WARAT, Luiz Alberto. *Introdução geral ao direito*. Interpretação da lei, temas para uma reformulação. v. I. Porto Alegre: Sérgio Antônio Fabris, 1994.

[128] FOUCAULT, Michel. *Microfísica do poder*. Tradução de Roberto Machado. Rio de Janeiro: Graal, 1982, p. 13.

[129] ROSA, André Vicente. Direito e classes sociais. *Revista Estudos*, Goiânia, 1990, p. 61.

O Direito pressuposto brota da (na) sociedade, à margem da vontade individual dos homens, mas na prática jurídica modifica as condições que o geram. [...] O Direito que o legislador não pode criar arbitrariamente – isso é óbvio é o Direito Positivo. O Direito pressuposto condiciona, limitando o legislador, à produção do Direito posto (positivo), mas o Direito posto transforma sua (dele) própria base.[130]

O direito pressuposto é, exatamente, o conjunto dos fatores sociais que condicionam a produção oficial do direito. Entre os dois, direito pressuposto e direito posto, existe uma relação de condicionamento mútuo, de influência recíproca, o que demonstra a influência da cultura na produção do direito positivo. Conclui Grau que:

> Afirmar que o modo de produção da vida social determina o Direito pressuposto é um produto cultural. Cada modo de produção produz a sua cultura e o Direito pressuposto nasce como elemento dessa cultura.[131]

Lembrando, ainda, as palavras de Aristóteles, o homem é um animal social.[132] Contudo, as relações intersubjetivas estabelecidas por ele não se dão da mesma maneira em todos os locais, gerando o surgimento de sociedades diversificadas e, consequentemente, de ordenamentos jurídicos ("Direitos") fatalmente diferentes.

A distinção entre os ordenamentos não se refere, é preciso deixar claro, à existência de uma hierarquia valorativa entre as diferentes comunidades, como quis outrora defender o evolucionismo social,[133] a partir de uma etnologia evolutiva unilinear.[134] O Direito não evolui de

---

[130] GRAU, Eros Roberto. O direito pressuposto e o direito posto. In: CLÈVE, Clèmerson Merlin; BARROSO, Luis Roberto (Org.). *Doutrinas essenciais de direito constitucional*. v. II. São Paulo: Revista dos Tribunais, 2011, p. 116.

[131] GRAU, Eros Roberto. O direito pressuposto e o direito posto. In: CLÈVE, Clèmerson Merlin; BARROSO, Luis Roberto (Org.). *Doutrinas essenciais de direito constitucional*. v. II. São Paulo: Revista dos Tribunais, 2011, p. 116.

[132] ARISTÓTELES. *A política*. Tradução de Roberto Leal Ferreira. São Paulo: Martins Fontes, 2002.

[133] Teoria criada por antropólogos do século XVIII, segundo a qual todas as sociedades evoluiriam seguindo uma única escala evolutiva. BARBOSA, Carla Gonçalves Antunha; BARBOSA, João Mítia Antunha; BARBOSA, Marco Antônio. Direito à diferença na sociedade da informação: os direitos indígenas na Constituição brasileira. In: CLÈVE, Clèmerson Merlin; BARROSO, Luis Roberto (Org.). *Doutrinas essenciais de direito constitucional*. v. IV. São Paulo: Revista dos Tribunais, 2011, p. 116.

[134] Como diz Losano: "O etnocentrismo jurídico nasce efetivamente com a imposição do modelo europeu de desenvolvimento econômico a países sustentados por economias pré-industriais: assim, era inevitável que se julgasse o direito local inadequado (ou seja, inferior) em relação àquele desenvolvimento econômico". LOSANO, Mario. G. *Os grandes*

maneira homogênea, não possui um único ponto de partida e, muito menos, uma só linha de chegada.[135] Não se pode dizer, por exemplo, que um Estado teocrático seja menos evoluído do que um laico; que um Estado capitalista seja melhor do que um comunista; que um Governo liberal seja inferior ao que adota um modelo social. São apenas diferentes, como lembra Mario Losano:

> Não existe, portanto, um direito positivo intrinsecamente melhor que outro: existem apenas direitos historicamente mais ou menos adequados para regulamentar certas relações de produção e de propriedade.[136]

Mais aceitável, dessa maneira, a aplicação de uma teoria não evolucionista que, ao trabalhar com a concepção multilinear, reconhece, respeita e valoriza as idiossincrasias próprias de cada época, sociedade e sistema de Direito, mas que, ao mesmo tempo, não os trata de forma acrítica, simplesmente tolerando tudo o que é posto, pelo contrário, critica aquilo que precisa ser aprimorado, demarcando os pontos que necessitam de evolução.[137]

Do acima exposto, pode-se depreender que o Direito é um produto cultural[138] e, à vista disso, surge com diversas aparências e conteúdos no curso da História e das sociedades. É exatamente por isso que, como se verá, o meio ambiente foi tratado de forma totalmente distinta dentro do movimento constitucionalista, conforme as diferentes sociedades e épocas, a depender da visão política e da corrente de pensamento adotada. Sobre a influência da política e das diversas

---

sistemas jurídicos: introdução aos sistemas jurídicos europeus e extra-europeus. Tradução de Marcela Varejão. São Paulo: Martins Fontes, 2007, p. 18.

[135] Rouland diz ser praticamente impossível estabelecer uma teoria comum do direito, em razão das profundas diferenças entre as sociedades tradicionais e as modernas. Sobre o tema: ROULAND, Norbert. *Anthropologie juridique*. Paris: Presse Univ. de France, 1990.

[136] LOSANO, Mario. G. *Os grandes sistemas jurídicos*: introdução aos sistemas jurídicos europeus e extra-europeus. Tradução de Marcela Varejão. São Paulo: Martins Fontes, 2007, p. 18.

[137] Não se pode cair na armadilha do culturalismo, que, a pretexto de valorizar as idiossincrasias culturais, acaba por tolerar abusos, como tortura, mutilações e a própria destruição do meio ambiente. Sobre os riscos do culturalismo: DONNELLY, Jack. *Universal human rights in theory and practice*. 2. ed. Ithaca/London, Cornell University Press, 2003; FLORES, Joaquin Herrera. *Teoria crítica dos direitos humanos*: os direitos humanos como produtos culturais. Rio de Janeiro: Lumen Juris, 2009, p. 97-98.

[138] Interessante análise da criação cultural do direito é traçada pela historiadora Lynn Hunt, ao demonstrar a influência, na produção jurídica, de elementos como as artes, os poemas e a própria organização dos cômodos das casas. HUNT, Lynn. *A invenção dos direitos humanos*: uma história. Tradução de Rosaura Eichenberg. São Paulo: Companhia das Letras, 2009.

correntes de pensamento sobre as declarações de direito, o jurista Gustavo Zagrebelsky ensina que:

> As concepções de direitos que influenciaram as distintas declarações constitucionais correspondem, historicamente, às três grandes correntes do pensamento político moderno: o liberalismo; o socialismo e o cristianismo social.[139] (tradução do autor)

Então, é possível perceber que a análise traçada no presente capítulo encontra-se umbilicalmente ligada àquela delineada na primeira parte deste texto, pois a posição jurídica do meio ambiente dependerá da filosofia de vida adotada, do modo como o homem vê a si próprio e ao restante da natureza.[140]

2.2 A questão ambiental no movimento constitucionalista

2.2.1 Sobre o constitucionalismo – delimitação conceitual e periodização

Antes de prosseguir, é necessário delimitar conceitualmente o que se entende por constitucionalismo. Em apertada síntese, o movimento constitucionalista representa a luta pela limitação do poder absoluto. Existem, todavia, diversas formas de travar essa batalha.[141]

Desse modo, é necessário destacar que o termo constitucionalismo, tal como utilizado diuturnamente pela doutrina pátria e alienígena, traz em seu âmago uma significação culturalmente predeterminada, uma forma específica de limitação do poder estatal. Representa ele os ideais liberais encarnados nos revolucionários do século XVIII e a defesa de direitos da burguesia ocidental (propriedade, liberdade),

---

[139] Original: "Las concepciones de los derechos que han influido en las distintas declaraciones constitucionales se corresponden históricamente con las tres grandes corrientes del pensamiento político moderno: el liberalismo; el socialismo y el cristianismo social". ZAGREBELSKY, Gustavo. *El derecho dúctil*: ley, derechos, justicia. Tradução de Marina Gascón. Madri: Editorial Trotta, 1999, p. 75.

[140] *Verbi gratia*, o caso da China, onde a cultura praticamente despreza os direitos e valores dos seres vivos não humanos, levando à prática de uma série de atitudes cruéis contra os animais. WEI, Song. Tradicional cultura chinesa coloca dificuldade para nova lei de bem-estar animal. *Revista Brasileira de Direito Animal*, ano 4, n. 5, jan./dez. 2009, p. 97.

[141] Em Estados teocráticos, a exemplo do que ocorreu, no mundo antigo, com o hebreu e o egípcio, a limitação do poder do governante se dá por meio das leis divinas, que representam a norma suprema. LOEWENSTEIN, Karl. *Teoría de la Constitución*. 2. ed. Espanha: Ariel, 1979, p. 154. Especialmente em relação ao Egito, o autor cita a reforma faraônica promovida por Aquenáton.

enfim, uma forma de pensar, uma ideologia. Segundo o constitucionalista Canotilho:

> Constitucionalismo é a teoria (ou ideologia) que ergue o princípio do governo limitado indispensável à garantia dos direitos em dimensão estruturante da organização político-social de uma comunidade. [...] O conceito de constitucionalismo transporta, assim, um claro juízo de valor.[142]

Nesse toar, eis os apontamentos de Daniel Sarmento:

> A ideia de Constituição, tal como a conhecemos hoje, é produto da Modernidade, sendo tributária do Iluminismo e das revoluções burguesas dos séculos XVII e XVIII, ocorridas na Inglaterra, nos Estados Unidos e na França. Ela está profundamente associada ao constitucionalismo moderno, que preconiza a limitação jurídica do poder político, em favor dos direitos dos governados.[143]

Todavia, à força da repetição, existem variadas maneiras de se limitar o poder do Estado e, considerando que o direito sofre fortes influências dos demais fatores sociais, Canotilho, ao tratar do tema, esclarece que existem vários movimentos constitucionalistas,[144] marcados pelas peculiaridades das sociedades em que surgem, *in verbis*:

---

[142] CANOTILHO, J. J. Gomes, *Direito constitucional e teoria da Constituição*. 7. ed. Portugal: Almedina, 2003, p. 51.

[143] SOUZA NETO, Cláudio Pereira de; SARMENTO, Daniel. *Direito constitucional*: teoria, história e métodos de trabalho. Belo Horizonte: Fórum, 2013, p. 67.

[144] Em determinadas partes do globo, o constitucionalismo tem resultado em Estados teocráticos que, embora constitucionais, regem-se também por leis divinas. Esse movimento crescente vem quebrando a barreira construída entre direito e religião. Como diz RanHirschl: "Constitucionalismo e religião são frequentemente descritos como diametralmente opostos um ao outro, aquele refletindo a regra do povo, e esta a regra de Deus. Enquanto as constituições são tidas como fruto do movimento modernista, de narrativa secular, a religião é retratada como algo pré-moderno, muitas vezes irracional, baseada em crenças, não em fatos. Enquanto se diz que constitucionalismo é um poderoso reforço contra a concentração do poder, a religião é comumente hierárquica e restritiva. Comumente saudado como algo totalmente bom, o que, em muitos aspectos, realmente é, o constitucionalismo tornou-se um companheiro natural da democracia e do Estado moderno, enquanto a religião, em grande parte do Ocidente, foi 'rebaixada' ou 'confinada' para a esfera privada. O surgimento de teocracias constitucionais oferece um cenário único para se engajar em uma inspeção mais profunda das muitas semelhanças, e não diferenças, entre o direito constitucional e direito religioso, cada um com seus próprios textos sagrados, hierarquias interpretativas, autorretratos apolíticos e, sim, interesses mundanos". Original: "Constitutionalism and religion are often depicted as diametrically opposed to each other, the former reflecting the people's rule, the latter, the rule of God. Whereas constitutions are said to be part of a modernist, secularist narrative, religion is portrayed as premodern, often irrational, and based on beliefs, not facts. And while

O movimento constitucionalista gerador da constituição em sentido moderno tem várias raízes localizadas em horizontes temporais diacrônicos e em espaços históricos, geográficos e culturais diferenciados. Em termos rigorosos, não há um constitucionalismo, mas vários constitucionalismos (o constitucionalismo inglês, o constitucionalismo americano, o constitucionalismo francês).[145]

Vale lembrar os ensinamentos de Karl Loewenstein no sentido de que as ideologias influenciam na formação das instituições, entre as quais, obviamente, as jurídicas. Para o referido jurista:

> O termo ideologia pode ser assim definido: Um sistema fechado de pensamentos e crenças que explica a atitude do homem perante a vida e a sociedade, e que defende uma determinada forma de comportamento e de ação que corresponde a tais pensamentos e crenças, e que ajuda a realizá-los.[146] (tradução do autor)

Não é por outra razão que o doutrinador mexicano Miguel Carbonell[147] intitulou a clássica obra de sua organização de "Neoconstitucionalismo(s)", deixando antever a pluralidade que marca o fenômeno. Assim, é relevante perceber que, ao tratar do tema constitucionalismo, ao menos em sua concepção mais conhecida e difundida, está-se a versar sobre o movimento de matriz europeia e burguesa de limitação do poder absoluto do Governo.

Não se desconhece, outrossim, que determinadas sociedades, a exemplo das orientais, passaram por um desenvolvimento

---

constitutionalism is said to be a power– defusing and freedom– enhancing enterprise, religion is often hierarchical and restricting. Commonly hailed as an all– out good thing, which in many respects it truly is, constitutionalism has become a natural companion of democracy and of the modern state, whereas religion throughout much of the West has been 'relegated' or 'confined' to the private sphere. The emergence of constitutional theocracy provides a unique setting for engaging in a closer inspection of the many similarities, not differences, between constitutional law and religion law, each with its own sacred texts, interpretive hierarchies, apolitical self- portrayal, and, yes, earthly interests". HIRSCHL, Ran. *Constitutional theocracy*. Cambridge, Massachusetts: Harvard University Press, 2010, p. 206.

[145] CANOTILHO, J. J. Gomes, *Direito constitucional e teoria da Constituição*. 7. ed. Portugal: Almedina, 2003, p. 51.

[146] Original: "El concepto de ideología se puede definir de la siguiente manera: Un sistema cerrado de pensamiento y creencias que explican La actitud del hombre frente a la vida y su existencia en la sociedad, y que propugnan una determinada forma de conducta y acción que corresponde a dichos pensamientos y creencias, y que contribuye a realizarlos". LOEWENSTEIN, Karl. *Teoria de la Constitución*. 2. ed. Barcelona: Ariel, 1979, p. 30.

[147] CARBONELL, Miguel. *Neoconstitucionalismo(s)*. 4. ed. Madri: Trotta, 2009.

constitucional bastante distinto do modelo europeu.[148] Contudo, pela delimitação própria do presente trabalho, utilizar-se-á, como base referencial, a visão clássica ocidental do constitucionalismo.

Partindo desse referencial, a doutrina costuma dividir o movimento constitucionalista em períodos distintos, marcados pela predominância de determinados traços comuns. Em termos históricos,[149] comumente a periodização se dá em três etapas:[150] a) constitucionalismo antigo, também denominado de medieval; b) constitucionalismo moderno, no qual se encontram inseridos distintos modelos, desde o Estado liberal clássico até o Estado social; c) constitucionalismo contemporâneo, também identificado como neoconstitucionalismo.[151] A esses pode ser acrescentada uma quarta etapa, própria da América Latina do século XXI, cuja nomenclatura ainda se encontra em processo de sedimentação.[152]

---

[148] A exemplo do Japão, que até a Constituição ("kempo") de 1946 possuía uma estrutura organizacional e uma visão de direitos bem distinta daquela dominante na parte ocidental do globo. Para uma visão geral do tema: MORI, Seiichi. Direito constitucional japonês. In: CLÈVE, Clèmerson Merlin; BARROSO, Luis Roberto (Org.). *Doutrinas essenciais de direito constitucional*. v. I. São Paulo: Revista dos Tribunais, 2011, p. 1365-1375.

[149] Pode-se, ainda, classificar o constitucionalismo a partir de outros critérios, como o modelo ideológico de Estado adotado quando, então, é possível vislumbrar o constitucionalismo liberal e o constitucionalismo do Estado social. QUEIROZ, Ari Ferreira de. *Direito constitucional*. 16. ed. Leme: J. H. Mizuno, 2014, p. 106.

[150] A exemplo: SOUZA NETO, Cláudio Pereira de; SARMENTO, Daniel. *Direito constitucional*: teoria, história e métodos de trabalho. Belo Horizonte: Fórum, 2013, p. 67-80; NOVELINO, Marcelo. *Curso de direito constitucional*. 10. ed. Salvador: Juspodivm, 2015, p. 45-59.

[151] Outros falam, ainda, no denominado "constitucionalismo do futuro". Especificamente sobre o constitucionalismo do futuro, idealizado pelo jurista argentino José Roberto Dromi, seria ele composto por sete pilares valorativos: verdade; solidariedade; consenso; continuidade; participação da sociedade na política; integração; universalização dos direitos fundamentais para todos os recantos do globo. Importante perceber que o texto é datado de 1997, ou seja, dezoito anos atrás. Se não é possível dizer que todos os objetivos propostos pelo autor foram atingidos, certo é que, na atualidade, um novo constitucionalismo surge na América Latina, marcado, como será demonstrado, pela ideia de integração entre modos de vida distintos e de união entre homem e natureza. DROMI, José Roberto. La reforma constitucional: el constitucionalismo del "por-venir". In: GARCIA DE ENTERRÍA, Eduardo; CLAVERO ARÉVALO, Manuel (Org.). *El derecho público de finales de siglo*: una perspectiva iberoamericana. Madri: Fundación BBV, 1997, p. 107-116.

[152] Por possuir, como característica marcante, a adoção de uma nova visão de mundo, calcada, sobretudo, no respeito à natureza e às tradições, essa nova etapa vem recebendo distintas denominações: constitucionalismo biocêntrico; constitucionalismo ecocêntrico. Nesse sentido: MORAES, Germana de Oliveira. O constitucionalismo ecocêntrico na América Latina, o bem viver e a nova visão das águas. *Revista da Faculdade de Direito*, Fortaleza, v. 34, n. 1, p. 123-155, jan./jun. 2013. Ainda, por ter surgido na América Latina, em Constituições erguidas no século XXI, também é chamado de novo constitucionalismo latino-americano; constitucionalismo andino; ou mesmo constitucionalismo indígena. A exemplo: MELO, Milena Petters. *O patrimônio comum do constitucionalismo contemporâneo e a virada biocêntrica do "novo" constitucionalismo latino-americano*. Revista Novos Estudos

Para os fins do presente trabalho, ou seja, na busca de analisar as distintas formas de tratamento jurídico da questão ambiental dentro do movimento constitucionalista, adotar-se-á, como periodização, três momentos distintos: o constitucionalismo liberal, tendo como marco as revoluções liberais do século XVII e XVIII, sobretudo a francesa; o constitucionalismo do Estado social, alavancado no século XX; e, por fim, o novo movimento constitucionalista, que, a partir do século XXI, emerge na América Latina.

2.2.2. Estado liberal – o meio ambiente como um nada jurídico

Não é possível falar de Estado liberal sem contextualizá-lo no mundo moderno, cujos traços marcantes foram devidamente delineados. Para tanto, é preciso perceber que o modelo liberal de Estado vem substituir o organicismo existente nas sociedades do mundo pré--moderno. Vale, assim, tecer algumas breves notas sobre a concepção organicista de Estado, tomando por referencial a sociedade grega da antiguidade.

É preciso lembrar que a doutrina vislumbra, já nas sociedades antigas, como a grega, considerada pelo Ocidente como o berço da democracia e como símbolo do conhecimento ocidental, traços de um movimento pela limitação do poder absoluto. Como diz o professor Ari Ferreira de Queiroz:

> [...] filósofos como Platão e Aristóteles já defendiam a limitação dos poderes dos governantes por uma lei suprema e, principalmente, a divisão de tarefas a cargo do Estado, o que denota a ideia embrionária do princípio da tripartição de poderes.[153]

A Grécia apostou na democracia[154] e na deliberação popular como mecanismos de desconcentração e descentralização do poder, razão

---

Jurídicos, v. 18, n. 1, p. 74-84, 2013. Disponível em: <http://siaiweb06.univali.br/seer/index.php/nej/article/view/4485>; VAL, Eduardo Manuel; BERGO, Enzo. (Org.) *O pensamento pós e descolonial no novo constitucionalismo latino-americano*. Caxias do Sul: Ed. Educs, 2014; QUEIROZ, Ari Ferreira de. *Direito constitucional*. 16. ed. Leme: J. H. Mizuno, 2014, p. 106.
[153] QUEIROZ, Ari Ferreira de. *Direito constitucional*. 16. ed. Leme: J. H. Mizuno, 2014, p. 105.
[154] Com a ressalva de que o conceito de democracia, à época, difere bastante daquele com o qual se está acostumado atualmente, uma vez que diversos setores da sociedade estavam excluídos do acesso aos direitos civis. Mulheres, escravos e estrangeiros, por exemplo, estavam todos excluídos do acesso aos direitos civis e, em especial, políticos, gerando assim uma enorme democracia de poucos e para poucos. No fim, estudos estimativos

pela qual desenvolveu uma série de instituições, que, colegiadamente, decidiam as questões mais importantes do Estado, da vida social e, até mesmo, da vida privada. A Assembleia Geral, órgão máximo de deliberação popular, com quórum mínimo de participação de 6.000 (seis mil) cidadãos, decidia as questões mais relevantes do Estado; um Conselho menor, de 500 membros, era responsável por organizar e propor decisões públicas; um Comitê composto por 50 cidadãos auxiliava o Conselho; dentre outros centros de decisão e execução das atividades estatais.[155] Sobre a importância de tais instituições, aduz Loewenstein:

> Todas as instituições políticas dos gregos refletem sua profunda aversão a todo tipo de poder concentrado e arbitrário, bem como a sua devoção, quase fanática, aos princípios do Estado de direito e a uma ordem (eunomia) regulada democrática e constitucionalmente [...].[156]
> (tradução do autor)

Um ponto, de fundamental relevância, diferiu as instituições gregas daquelas que viriam a ser alicerçadas no mundo moderno: vivia-se sob uma visão organicista de Estado, marcada por uma forte valorização do corpo (comunidade) em detrimento dos membros (indivíduos).[157] Dessa maneira, a esfera privada sucumbia ante o espaço público.[158] Como expõe Daniel Sarmento,

---

calculam que a proporção entre escravos e homens em Atenas, na época de Péricles, era de 3 para 2, o que somava uma população escrava de aproximadamente 80.000 a 100.000 pessoas. HELD, David. *Modelos de democracia*. Tradução de Alexandre Sobreira Martins. Belo Horizonte: Paidéia. 1987, p. 25.

[155] HELD, David. *Modelos de democracia*. Tradução de Alexandre Sobreira Martins. Belo Horizonte: Paidéia. 1987, p. 20-21.

[156] Original: "Todas las instituciones políticas de los griegos reflejan su profunda aversión a todo tipo de poder concentrado y arbitrario, y su devoción casi fanática por los principios del Estado de derecho de un orden (eunomia) regulado democrática y constitucionalmente [...]". LOEWENSTEIN, Karl. *Teoría de la Constitución*. 2. ed. Espanha: Ariel, 1979, p. 155.

[157] Vê-se, aqui, como a filosofia estoica influenciou a própria estrutura estatal grega. Assim como o homem nada mais é do que uma parte do cosmos, devendo agir em conformidade com o papel que lhe foi atribuído pela ordem cósmica, no Estado o cidadão é, apenas, um componente de um todo maior, devendo cumprir as obrigações e os deveres que lhe são atribuídos dentro da ordem estatal. Confirma-se, assim, o que foi dito no início deste capítulo, ou seja, que o Direito e a estrutura estatal estão intimamente relacionados e são fortemente influenciados pela visão de vida predominante no seio social, provando a sua natureza de produtos culturais.

[158] Benjamin Constant, em conhecido texto, bem retrata a diferença existente entre o mundo antigo e o moderno no que tange à própria concepção de direitos. Naquele, ser livre era poder participar ativamente da vida comunitária. Neste, liberdade relaciona-se, basicamente, à ausência de intromissão do Estado na vida privada. CONSTANT, Benjamin. A liberdade dos antigos comparada com a dos modernos. *Revista Filosofia Política*, Porto Alegre, n. 2, p. 9-75, 1985.

Não se cogitava na proteção de direitos individuais contra os governantes, pois se partia da premissa de que as pessoas deveriam servir à comunidade política, não lhe podendo antepor direitos de qualquer natureza. [...] o cidadão não era considerado em sua dignidade individual, mas apenas como parte integrante do corpo social.[159]

Sobre o organicismo, ensina o eminente constitucionalista Paulo Bonavides:

Os organicistas procedem do tronco milenar da filosofia grega. Descendem de Aristóteles e Platão. [...] Se a Sociedade é o valor primário ou fundamental, se a sua existência importa numa realidade nova e superior, subsistente por si mesma, temos o organicismo.[160]

Ainda, Giorgio del Vecchio define a visão organicista como sendo a "Reunião de várias partes, que preenchem funções distintas e que, por sua ação combinada, concorrem para manter a vida do todo".[161] A submissão do privado ao público era tanta que Fustel de Coulanges chega a afirmar que "Nada havia no homem que fosse independente. O seu corpo pertencia ao Estado e era dedicado à defesa dele".[162]

A presença (e intromissão) do Estado na esfera privada era tamanha que havia regras até para pequenos detalhes, *in exemplis*: proibição de beber vinho puro; proibição de fazer a barba; limitação do número de vestidos levados em viagens; normas sobre moda e penteados.[163] Vivia-se, dessa feita, sob uma filosofia de vida e de administração marcada pelo comunitarismo, na qual a comunidade deveria prevalecer, mesmo que, para tanto, o indivíduo tivesse de ser posto em segundo plano. Sobre o comunitarismo, bem elucida Sarmento:

A ênfase no indivíduo, dada pelo liberalismo, é substituída no comunitarismo pela valorização da comunidade; o foco nos direitos individuais é alterado para o destaque às tradições e valores compartilhados. [...]

---

[159] SOUZA NETO, Cláudio Pereira de; SARMENTO, Daniel. *Direito constitucional*: teoria, história e métodos de trabalho. Belo Horizonte: Fórum, 2013, p. 68-69.
[160] BONAVIDES, Paulo. *Ciência política*. 10. ed. São Paulo: Malheiros, 2000, p. 64.
[161] VECCHIO, Giorgio del. *Lições de filosofia do direito*. Tradução de José Antônio Brandão. 5. ed. Coimbra: Arménio Amado, 1979, p. 346.
[162] COULANGES, Numa Denis Fustel de. *A cidade antiga*. Tradução de Roberto Leal Ferreira. São Paulo: Martin Claret, 2010, p. 236.
[163] COULANGES, Numa Denis Fustel de. *A cidade antiga*. Tradução de Roberto Leal Ferreira. São Paulo: Martin Claret, 2010, p. 236.

Dessa forma, os comunitaristas aceitam mais facilmente restrições às liberdades individuais motivadas por valores socialmente compartilhados ou por preocupações paternalistas.[164]

É exatamente em contraposição a tal modo de se pensar que surge o Estado liberal. Marcado filosoficamente pelo iluminismo e, em consequência, pelo antropocentrismo, o modelo liberal clássico de Estado busca libertar o homem da comunidade,[165] torná-lo independente de tudo que o cerca, alçá-lo ao centro das atenções do Estado (e, por conseguinte, do direito). O liberalismo traz consigo uma visão mecanicista do Estado, com ênfase no indivíduo. Sobre ela escreve Paulo Bonavides:

> Se, ao contrário, o indivíduo é a unidade embriogênica, o centro irredutível a toda assimilação coletiva, o sujeito da ordem social, a unidade que não criou nem há de criar nenhuma realidade mais, que lhe seja superior, o ponto primário e básico que vale por si mesmo e do qual todos os ordenamentos sociais emanam como derivações secundárias, como variações que podem reconduzir-se sempre ao ponto de partida: a ele, ao indivíduo, aqui estamos fora de toda a dúvida em presença de uma posição mecanicista.[166]

O Estado liberal nasce a partir das revoluções dos séculos XVII e XVIII, notadamente a Inglesa de 1688; a Norte-Americana de 1776; a emblemática Revolução Francesa de 1789,[167] esta calcada no famoso tripé da liberdade, da igualdade e da fraternidade.[168]

Tais movimentos revolucionários representam o constitucionalismo liberal, do qual se originam Constituições que transportam, para o Direito, o individualismo e o racionalismo iluministas, juridicizando os dogmas da modernidade. Inevitavelmente, portanto, o ordenamento jurídico passa a ser marcado por tais referências. Segundo Canotilho:

> As constituições liberais costumam ser consideradas como "códigos individualistas" exaltantes dos direitos individuais do homem. A noção de indivíduo, elevado à posição de sujeito unificador de uma nova sociedade, manifesta-se fundamentalmente de duas maneiras: (1) a

---

[164] SOUZA NETO, Cláudio Pereira de; SARMENTO, Daniel. *Direito constitucional*: teoria, história e métodos de trabalho. Belo Horizonte: Fórum, 2013, p. 212.
[165] Como diz Bonavides, no Estado liberal a sociedade "se reduz à chamada poeira atômica de indivíduos". BONAVIDES, Paulo. *Do Estado liberal ao Estado social*. 8. ed. São Paulo: Malheiros, 2007, p. 40.
[166] BONAVIDES, Paulo. *Ciência política*. 10. ed. São Paulo: Malheiros, 2000, p. 67.
[167] QUEIROZ, Ari Ferreira de. *Direito constitucional*. 16. ed. Leme: J. H. Mizuno, 2014, p. 95.
[168] BONAVIDES, Paulo. *Curso de direito constitucional*. 15. ed. São Paulo: Malheiros, 2004, p. 560.

primeira acentua o desenvolvimento do sujeito moral e intelectual livre; (2) a segunda parte do desenvolvimento do sujeito econômico livre no meio da livre concorrência.[169]

Essa fase do movimento constitucionalista buscou limitar o poder absoluto do governante invertendo a lógica do comunitarismo, ou seja, a partir da adoção de uma concepção individualista. Bem diz Sarmento que "o constitucionalismo moderno sustenta a limitação jurídica do poder do Estado em favor da liberdade individual".[170] Na medida em que o indivíduo é posto em destaque, passando a ser o único detentor de direitos, o Estado é reduzido, tornando-se mínimo. Surgem direitos de cunho estritamente individual, denominados de direitos de primeira dimensão[171] ou geração,[172] que geram aos governantes deveres de cunho abstencionista.

Sobre os direitos no Estado liberal, assumem eles o ideário liberal, capitalista, burguês,[173] iluminista e antropocêntrico, refletindo o individualismo e a preocupação única e exclusiva com o homem enquanto indivíduo, enquanto ser isolado, não dispensando qualquer atenção ao homem como parte de um todo maior. A esse respeito, eis o ensinamento de Ingo Wolfgang Sarlet:

> Os direitos fundamentais, ao menos no âmbito do reconhecimento nas primeiras constituições escritas, são o produto peculiar (ressalvado certo conteúdo social característico do constitucionalismo francês) do pensamento liberal-burguês do século VXIII, caracterizados por um cunho fortemente individualista, concebidos como direitos do indivíduo frente ao Estado, mais especificamente, como direitos de defesa,

---

[169] CANOTILHO, J. J. Gomes. *Direito constitucional e teoria da Constituição*. 7. ed. Portugal: Almedina, 2003, p. 110.

[170] SOUZA NETO, Cláudio Pereira de; SARMENTO, Daniel. *Direito constitucional*: teoria, história e métodos de trabalho. Belo Horizonte: Fórum, 2013, p. 70.

[171] Há divergência, na doutrina, sobre a nomenclatura mais adequada para tratar o assunto, se "geração", "dimensão", "categorias" ou mesmo "espécies" de direitos fundamentais. Certo é que a classificação tradicional se dá com o termo gerações, que sofre críticas por induzir à conclusão de que os direitos da geração posterior substituiriam os da anterior quando, na realidade, o que ocorre é uma complementação. DIMOULIS, Dimitri; MARTINS, Leonardo. *Teoria geral dos direitos fundamentais*. 3. ed. São Paulo: Revista dos Tribunais, 2011, p. 32.

[172] A classificação dos direitos fundamentais em gerações é atribuída a Karel Vasak, durante conferência proferida no Instituto Internacional dos Direitos do Homem, em Estrasburgo, no ano de 1979. LIMA, George Marmelstein. *Crítica à teoria das gerações (ou mesmo dimensões) dos direitos fundamentais*. Disponível em: <http://gerogemlima.blogspot.com>.

[173] Sobre a influência da burguesia na produção dos direitos de primeira geração: BONAVIDES, Paulo. *Do Estado liberal ao Estado social*. 8. ed. São Paulo: Malheiros, 2007, p. 42.

demarcando uma zona de não intervenção do Estado e uma esfera de autonomia individual em face de seu poder.[174]

Assim, também, afirma Celso Lafer, ao dizer que os direitos humanos "surgem e se afirmam como direitos do indivíduo em face do poder soberano do Estado absolutista".[175] Daí porque, nos documentos jurídicos originados do constitucionalismo liberal, não se vê nenhuma preocupação com a natureza ou com os demais seres senão o homem. Tomando como exemplos as quatro declarações de direitos mais relevantes da época, depreende-se serem elas absolutamente silentes quanto à questão ambiental.

Na Declaração Universal dos Direitos do Homem e do Cidadão,[176] documento jurídico ícone do constitucionalismo liberal, como o próprio nome deixa antever, a preocupação única é o homem (afinal, para a modernidade, ele é o único fim, o resto é meio), o que se confirma logo em seu início, quando afirma que "a ignorância, o esquecimento ou o desprezo dos direitos do homem são as únicas causas dos males públicos e da corrupção dos Governos". Dessarte, não se vê, em seus dezessete artigos, nenhuma referência ao meio ambiente, aos demais seres vivos ou à natureza em geral.

A Constituição Francesa de 1791,[177] primeira Carta Constitucional francesa, é fruto direto da Declaração Universal propagada dois anos antes, como expresso em seu início: "A Assembleia Nacional, desejando estabelecer a Constituição francesa sobre a base dos princípios que ela acaba de reconhecer e declarar [...]". Logo, não poderia ela ser diferente no que tange ao trato da questão ambiental, o que se confirma a partir da leitura de seus artigos, nos quais não há nenhuma referência a outro ser senão ao homem, e nenhuma linha é dedicada ao meio ambiente.

No continente americano não é diferente. Da leitura da Declaração de Independência dos Estados Unidos da América, de 1776,[178] também não se pode extrair nenhuma preocupação ambiental.

---

[174] SARLET, Ingo Wolfgang; MARINONI Luiz Guilherme; MITIDIERO, Daniel. *Curso de direito constitucional*. 2. ed. São Paulo: Revista dos Tribunais, 2013, p. 272.

[175] LAFER, Celso. *A reconstrução dos direitos humanos*: um diálogo com o pensamento de Hannah Arendt. São Paulo: Companhia das Letras, 1988, p. 126.

[176] Declaração Universal dos Direitos do Homem e do Cidadão de 1789. Disponível em: <http://pfdc.pgr.mpf.mp.br/atuacao-e-conteudos-de-apoio/legislacao/direitos-humanos/declar_dir_homem_cidadao.pdf>.

[177] Constituição da França de 1791. Disponível em: <http://www.fafich.ufmg.br/~luarnaut/const91.pdf>.

[178] Declaração de Independência dos Estados Unidos da América, de 1776. Disponível em: <http://www.uel.br/pessoal/jneto/gradua/historia/recdida/declaraindepeEUAHISJNeto.pdf>.

Do mesmo modo, a Constituição norte-americana, de 1787,[179] primeira Constituição escrita do mundo moderno, também é silente quanto à questão ambiental.

Sem proteção jurídica, a natureza e os demais seres vivos ficaram à mercê da ação humana, o que gerou, como dito no capítulo 1, uma imensa e intensa devastação ambiental (basta lembrar que os estudos lá referidos mostram que um terço das espécies representadas nos fósseis data dessa época).

2.2.3 Estado social – o ambiente como objeto de direito

O modelo liberal de Estado, ao menos em sua diagramação clássica, não resistiu ao tempo. O Estado mínimo mostrou-se insuficiente na proteção e promoção até mesmo dos direitos individuais,[180] e os impactos da industrialização no ambiente, na sociedade e na economia levaram à necessidade de uma reformulação estatal. Como constata Sarlet:

> O impacto da industrialização e os graves problemas sociais e econômicos que a acompanharam, as doutrinas socialistas e a constatação de que a consagração formal de liberdade e igualdade não gerava a garantia do seu efetivo gozo acabaram, já no decorrer do século XIX, gerando amplos movimentos reivindicatórios e o reconhecimento progressivo de direitos, atribuindo ao Estado comportamento ativo na realização da justiça social.[181]

Bem pontua Paulo Lopo Saraiva, na contextualização da situação vivida à época, ao dizer que:

> Angustiados entre o desemprego e os baixos salários, os operários defrontaram-se com o poderio dos capitalistas, integrantes das camadas burguesas, que além de acumularem imensas riquezas, substituíram

---

[179] Constituição dos Estados Unidos da América, de 1787. Disponível em: <http://www.uel.br/pessoal/jneto/gradua/historia/recdida/ConstituicaoEUARecDidaPESSOALJNETO.pdf>.
[180] Sobre o desastre do modelo liberal na proteção dos direitos individuais, enfatiza Queiroz: "Consequência do caos aberto pelo individualismo liberal, em meados do século XIX mais da metade dos nascimentos nos grandes centros da França ocorria fora do casamento, e cerca de cento e vinte mil crianças viviam abandonadas pelas ruas". QUEIROZ, Ari Ferreira de. *Direito constitucional*. 16. ed. Leme: J. H. Mizuno, 2014, p.113.
[181] SARLET, Ingo Wolfgang; MARINONI Luiz Guilherme; MITIDIERO, Daniel. *Curso de direito constitucional*. 2. ed. São Paulo: Revista dos Tribunais, 2013, p. 273.

os homens pelas máquinas, criando, assim, uma situação desumana e incontrolável.

Sem nenhuma garantia legal, o proletariado inglês, inicialmente, e depois o europeu, passou a reclamar direitos, nas praças públicas, obrigando a que o Estado e a Burguesia reconhecessem a questão social das reivindicações operárias, novo espectro que começava a abalar o velho mundo.[182]

No plano ideológico, como esclarece Daniel Sarmento, o nascimento do Estado social foi influenciado por

> diversas vertentes de pensamento, como o marxismo, o socialismo utópico e a doutrina social da Igreja Católica, que, embora divergindo profundamente quanto à solução, convergiam na crítica aos abusos a que conduzira o individualismo exacerbado do capitalismo selvagem, que prosperara sob a fachada do constitucionalismo liberal-burguês.[183]

Além do indivíduo isoladamente considerado, o Estado e o Direito passam a se preocupar com o homem enquanto membro da sociedade. Historicamente, a doutrina[184] aponta a Encíclica *Rerum Novarum*, escrita pelo Papa Leão XIII em maio de 1891, como o documento inaugural[185] dessa nova etapa de preocupação com o homem enquanto ser social. Apesar de não desconstruir a pedra de toque do capitalismo – a propriedade privada –, a Encíclica trazia, em seu bojo, a preocupação com os direitos dos trabalhadores, com o bem-estar social, enfim, com a justiça social.[186]

---

[182] SARAIVA, Paulo Lopo. *Garantia constitucional dos direitos sociais no Brasil*. Rio de Janeiro: Forense, 1983, p. 64.

[183] SOUZA NETO, Cláudio Pereira de; SARMENTO, Daniel. *Direito constitucional*: teoria, história e métodos de trabalho. Belo Horizonte: Fórum, 2013, p. 80.

[184] Pontua Sarmento: "o primeiro documento pontifício a consagrar a chamada "doutrina social da igreja", baseada em crítica aos excessos do capitalismo e ao individualismo exacerbado do individualismo liberal e contendo uma exortação para que o Estado assumisse uma posição mais ativa no cenário socioeconômico, em favor dos mais pobres". SOUZA NETO, Cláudio Pereira de; SARMENTO, Daniel. *Direito constitucional*: teoria, história e métodos de trabalho. Belo Horizonte: Fórum, 2013, p. 80.

[185] Em que pese documentos anteriores, como a Constituição francesa de 1793, conhecida como Constituição jacobina, tenham sido marcados por traços de preocupação com a justiça social, assim como a Constituição francesa de 1848. LOEWENSTEIN, Karl. *Teoria de la Constitución*. 2. ed. Barcelona: Ariel, 1979, p. 401.

[186] Remete-se o leitor ao primeiro capítulo, onde se tratou, em nota de rodapé, da importância das Encíclicas para o Direito. Aqui, interessante passagem da Encíclica demonstra o enfoque dado aos direitos sociais, sobretudo àqueles exercidos na relação de trabalho, como se pode ver em seus itens 25 e 26, intitulados "Proteção do trabalho dos operários, das mulheres e das crianças", que assim versam: "A atividade do homem, restrita como a sua natureza, tem limites que se não podem ultrapassar. O exercício e o uso aperfeiçoam-na,

Em termos de declarações de direitos, as Constituições do século XX passaram a incorporar os valores desse novo modelo de Estado, denominado de social, caracterizando, portanto, uma nova etapa do movimento constitucionalista. A pioneira foi a Constituição mexicana, de 05 de fevereiro de 1917,[187] [188] contendo dispositivos tão relevantes que serviram até mesmo para dar nome a ruas, a exemplo, como lembra Paulo Lopo Saraiva, da "Calle Artículo 123, no centro da cidade do México".[189] A Carta mexicana foi seguida por outros documentos de grande relevância, como a Constituição alemã de Weimar, de 1919.[190] [191]

---

mas é preciso que de quando em quando se suspenda para dar lugar ao repouso. Não deve, portanto, o trabalho prolongar-se por mais tempo do que as forças permitem. Assim, o número de horas de trabalho diário não deve exceder a força dos trabalhadores, e a quantidade de repouso deve ser proporcional à qualidade do trabalho, às circunstâncias do tempo e do lugar, à compleição e saúde dos operários. O trabalho, por exemplo, de extrair pedra, ferro, chumbo e outros materiais escondidos debaixo da terra, sendo mais pesado e nocivo à saúde, deve ser compensado com uma duração mais curta. Deve-se também atender às estações, porque não poucas vezes um trabalho que facilmente se suportaria numa estação, noutra é de facto insuportável ou somente se vence com dificuldade. Enfim, o que um homem válido e na força da idade pode fazer, não será equitativo exigi-lo duma mulher ou duma criança. Especialmente a infância – e isto deve ser estritamente observado – não deve entrar na oficina senão quando a sua idade tenha suficientemente desenvolvido nela as forças físicas, intelectuais e morais: de contrário, como uma planta ainda tenra, ver-se-á murchar com um trabalho demasiado precoce, e dar-se-á cabo da sua educação. Trabalhos há também quê se não adaptam tanto à mulher, a qual a natureza destina de preferência aos arranjos domésticos, que, por outro lado, salvaguardam admiravelmente a honestidade do sexo, e correspondem melhor, pela sua natureza, ao que pede a boa educação dos filhos e a prosperidade da família. Em geral, a duração do descanso deve medir-se pelo dispêndio das forças que ele deve restituir. O direito ao descanso de cada dia assim como à cessação do trabalho no dia do Senhor, deve ser uma condição expressa ou tácita de todo o contrato feito entre patrões e operários. Onde esta condição não entrar, o contrato não será justo, pois ninguém pode exigir ou prometer a violação dos deveres do homem para com Deus e para consigo mesmo". VATICANO. *Carta Encíclica Rerum Novarum*. Sobre a condição dos operários, do Sumo Pontífice Papa Leão XIII, 15 maio 1891. Disponível em: <http://w2.vatican.va/content/leo-xiii/pt/encyclicals/documents/hf_l xiii_enc_15051891_rerum-novarum.html>.

[187] Como exemplos, vale citar o artigo 3º, que estabelecia, como obrigação do Estado, fornecer, gratuitamente, o ensino primário; o artigo 5º, que dispunha sobre a justa remuneração do trabalho prestado. MÉXICO. *Constitución Política de los Estados Unidos Mexicanos*, de 05 de fevereiro de 1917. Disponível em: <http://www.diputados.gob.mx/LeyesBiblio/htm/1.htm>.

[188] Foi ela, como lembra Comparato, a primeira Constituição "a atribuir aos direitos trabalhistas a qualidade de direitos fundamentais, juntamente com as liberdades individuais e os direitos políticos (arts. 5º e 123)". COMPARATO, Fábio Konder. *A afirmação histórica dos direitos humanos*. 8. ed. São Paulo: Saraiva, 2013, p. 190.

[189] SARAIVA, Paulo Lopo. *Garantia constitucional dos direitos sociais no Brasil*. Rio de Janeiro: Forense, 1983, p. 44.

[190] Como referência, a título de exemplificação, o artigo 14, 2, ao tratar do direito de propriedade, condiciona-o ao bem comum, consignando, portanto, a sua função social. ALEMANHA. *Constituição do Império Alemão*, de 11 de agosto de 1919. Disponível em: <http://germanhistorydocs.ghi-dc.org/pdf/eng/ghi_wr_weimarconstitution_Eng.pdf>.

[191] Comparato, ao analisar a Constituição alemã de 1919, assinala a sua importância como documento de aprimoramento da nova geração de direitos, dizendo: "O Estado da

Com o constitucionalismo social, surgem novos direitos, econômicos, sociais e culturais, ditos de segunda geração,[192] cujo enfoque é promover o bem-estar social dos cidadãos. Esses, para serem concretizados, passam a depender de uma atuação positiva do Estado (prestações estatais), o qual não é mais abstencionista, mas sim prestador, deixando de ser considerado como inimigo para passar a ser tido como aliado na consecução dos direitos. Nessa esteira, elucidativa a seguinte passagem de Sarmento, ao tratar da mudança de paradigma promovido pelo constitucionalismo social:

> De mero garantidor de regras que deveriam disciplinar as disputas travadas no mercado, o Estado foi se convertendo num ator significativamente mais importante – algumas vezes até no protagonista – dentro da arena econômica, exercendo diretamente muitas atividades de produção de bens e serviços. O Estado passa a realizar, por exemplo, grandes obras públicas. Os investimentos públicos geram empregos diretos e indiretos, reaquecendo o consumo. [...]
> O constitucionalismo social é comprometido com esse novo papel do Estado. No constitucionalismo liberal, o Estado era o "guarda noturno", que se dedicava apenas à garantia da segurança dos negócios privados. No constitucionalismo social, ele assume um papel muito mais ambicioso na vida econômica.[193]

E não é só. A mudança de enfoque, do indivíduo para a coletividade, fez nascer, também, no Estado social, direitos transindividuais, de titularidade incerta (e não de indivíduos), conhecidos como direitos coletivos, componentes de uma terceira geração de direitos fundamentais. Entre eles estão os direitos ligados à fraternidade, inclusive, e aqui o ponto de relevância para o presente trabalho, o direito ao meio ambiente. Como bem enuncia o constitucionalista Bonavides, ao tratar dessa nova dimensão de direitos:

---

democracia social, cujas linhas mestras já haviam sido traçadas pela Constituição mexicana de 1917, adquiriu na Alemanha de 1919 uma estrutura mais elaborada, que veio a ser retomada em vários países após o trágico interregno nazifascista e a Segunda Guerra Mundial. A estrutura da Constituição de Weimar é claramente dualista: a primeira parte tem por objeto a organização do Estado, enquanto a segunda parte apresenta a declaração dos direitos e deveres fundamentais acrescentados às clássicas liberdades individuais os novos direitos de conteúdo social". COMPARATO, Fábio Konder. *A afirmação histórica dos direitos humanos.* 8. ed. São Paulo: Saraiva, 2013, p. 205.

[192] BONAVIDES, Paulo. *Curso de direito constitucional.* 15. ed. São Paulo: Malheiros, 2004, p. 564.
[193] SOUZA NETO, Cláudio Pereira de; SARMENTO, Daniel. *Direito constitucional:* teoria, história e métodos de trabalho. Belo Horizonte: Fórum, 2013, p. 81.

Com efeito, um novo polo jurídico de alforria do homem se acrescenta historicamente aos da liberdade e da igualdade. Dotados de altíssimo teor de humanismo e universalidade, os direitos da terceira geração tendem a cristalizar-se no fim do século XX, enquanto direitos que não se destinam especificamente à proteção dos interesses de um indivíduo, de um grupo ou de um determinado Estado. Têm primeiro por destinatário o gênero humano mesmo, num momento expressivo de sua afirmação como valor supremo em termos de existencialidade concreta. [...]
A teoria, com Vasak e outros, já identificou cinco direitos da fraternidade, ou seja, da terceira geração: o direito ao desenvolvimento, o direito à paz, o direito ao meio ambiente, o direito de propriedade sobre o patrimônio comum da humanidade e o direito de comunicação.[194]

O meio ambiente, até então um nada jurídico, excluído dos direitos individuais de primeira geração do Estado liberal, passa a ser tutelado pela ciência jurídica. Inaugura-se um "direito ambiental". Contudo, a tutela se dá, ainda, com uma visão antropocêntrica, ou seja: protege-se o meio ambiente para o homem e pelo homem. A proteção se dá, ademais, muito mais por razões econômicas (o homem passa a entender que o meio ambiente é escasso e, portanto, pode ser economicamente quantificado) do que pelo reconhecimento de qualquer valor intrínseco. Não se reconhece, outrossim, nenhum valor intrínseco à natureza. Vê-se, por exemplo, na transcrição acima realizada, que os direitos de terceira dimensão (entre eles, o meio ambiente) "têm como destinatário o gênero humano". Assim deixa claro Zagrebelsky:

> A explosão demográfica acentuou, em nível planetário, a percepção da finitude e rigidez das áreas naturais, assim como a inevitável relação de confinamento entre todos os seres vivos (ao menos enquanto, e na medida em que, novas descobertas científicas não permitem a abertura de novos espaços e a disponibilidade de novos recursos e, dessa forma, novas compensações aos nossos direitos-vontade).
> Mas não é só isso. A mudança mais relevante, que muda radicalmente a nossa relação com a natureza, é que, pela primeira vez, esta perdeu a capacidade de viver e regenerar-se por si própria.[195] (tradução do autor)

---

[194] BONAVIDES, Paulo. *Curso de direito constitucional*. 15. ed. São Paulo: Malheiros, 2004, p. 569.
[195] Original: "La explosión demográfica no hace más que acentuar, a nivel planetario, la percepción de la finitud y rigidez de los espacios naturales, así como de la inevitable relación de confinamiento entre todos los seres vivos (al menos mientras que, y en la medida en que, nuevos descubrimientos científicos no permitan la apertura de nuevos espacios y la disponibilidad de nuevos recursos y, por esta vía, nuevas compensaciones a nuestros derechos-voluntad). Pero no es sólo esto. La novedad más relevante que cambia radicalmente nuestra relación con la naturaleza consiste en que ésta, por vez primera, ha perdido la capacidad de vivir y regenerarse por sí misma". ZAGREBELSKY, Gustavo. *El*

A preocupação, repisa-se, não é tanto com a natureza, mas sim com os prejuízos ocasionados ao homem com a degradação ambiental desmedida. Logo, a preocupação da tutela jurídica do meio ambiente, no Estado social, tem como objetivo a criação de regras que limitem a exploração do ambiente não porque ele possui um valor em si mesmo, mas sim para que possa ser explorado pelas futuras gerações. É comum o uso da expressão "recurso natural", denotando o viés econômico da visão que recai sobre a natureza.

O foco humano da questão ambiental no período fica também em evidência quando se analisa o plano internacional. A título de exemplo, o Relatório Brundtland, também intitulado de Nosso Futuro Comum, publicado em 1987, fruto do trabalho da Comissão Mundial sobre o Meio Ambiente e Desenvolvimento, traz o meio ambiente como direito fundamental do homem, prevendo, ainda, o denominado desenvolvimento sustentável, ou seja, a exploração "moderada" do ambiente, a fim de garantir que os "recursos" existam para as gerações futuras (sempre, portanto, partindo de uma perspectiva antropocêntrica).[196]

2.2.4 O novo constitucionalismo latino-americano: Estado constitucional ecológico

2.2.4.1 Considerações iniciais

No século XXI, o constitucionalismo tradicional se viu surpreendido pelos andinos.[197] Desde a queda do cosmos grego, provocada pela revolução copernicana e pelo desenvolvimento científico trazido pela modernidade, o homem passou a ocupar o centro do universo e foi considerado o único ser não instrumental, ou seja, o único a possuir um valor intrínseco que o tornava um fim em si mesmo, visão que reinou de modo praticamente inconteste durante séculos.

No que tange à produção de conhecimento, desde o racionalismo iluminista o Ocidente se contentou com a razão pura cartesiana como sendo a única forma válida de sua produção, relegando a um plano inferior todas as demais culturas e saberes que não se coadunassem com o método científico.

---

derecho dúctil: ley, derechos, justicia. Tradução de Marina Gascón. Madri: Trotta, 1999, p. 103-104.
[196] COMISSÃO MUNDIAL SOBRE O MEIO AMBIENTE E DESENVOLVIMENTO. Nosso futuro comum. 2. ed. Rio de Janeiro: Fundação Getulio Vargas, 1991.
[197] ZAFFARONI, Eugênio Raúl. La Pachamama y el humano. In: ACOSTA, Alberto; MARTÍNEZ, Esperanza (Org.). La naturaleza con derechos. De la filosofía a la política. Quito: Editorial AbyaYala, 2011, p. 27.

No Direito, desde as revoluções liberais o ser humano passou a ser o único sujeito, centro do ordenamento jurídico, sendo tudo o mais objeto de direitos do homem. O foco da tutela do meio ambiente era o ser humano e suas necessidades. Não havia, assim, uma "questão ambiental", mas sim uma "questão humana" de origem ambiental, ou seja, problemas gerados aos seres humanos em razão da degradação exacerbada da natureza.

É de suma relevância compreender que os dogmas da modernidade foram reproduzidos ao longo dos tempos pelas instituições estatais (inclusive e, sobretudo, as jurídicas) mediante o exercício de um verdadeiro poder simbólico – para lembrar a teoria do sociólogo francês Pierre Bourdieu – e, portanto, constituíram, por muito tempo, uma barreira intransponível impeditiva da emersão de novas visões de mundo. Sobre o poder simbólico, vale a transcrição dos seguintes dizeres:

> O poder simbólico como poder de construir o dado pela enunciação, de fazer ver e fazer crer, de confirmar ou de transformar a visão do mundo e, desse modo, a ação sobre o mundo, portanto o mundo, poder quase mágico que permite obter o equivalente daquilo que é obtido pela força (física ou econômica) graças ao efeito específico de mobilização, só se exerce se for reconhecido, quer dizer, ignorado como arbitrário. Isso significa que o poder simbólico não reside nos "sistemas simbólicos" em forma de uma "illocutionary force", mas que se define numa relação determinada – e por meio desta – entre os que exercem o poder e os que lhe estão sujeitos, quer dizer, isto é, na própria estrutura do campo em que se produz e se reproduz a crença. O que faz o poder das palavras e das palavras de ordem, poder de manter a ordem ou de a subverter, é a crença na legitimidade das palavras e daquele que as pronuncia, crença cuja produção não é da competência das palavras.[198]

Desde o iluminismo, as instituições sociais e estatais passaram a disseminar a ideia de que somente o homem merece respeito e consideração, o que acabou por conformar uma ordem jurídica preocupada única e exclusivamente com os direitos do ser humano. A reprodução maciça dessa forma de pensamento fez com que a grande maioria dos indivíduos passasse a crer que o antropocentrismo era a única verdade possível, em uma verdadeira expressão de violência simbólica, como diz Bourdieu, sobretudo porque os prejudicados por essa visão de mundo (natureza e animais não humanos) são incapazes de fornecer

---

[198] BOURDIEU, Pierre. *O poder simbólico*. Tradução de Fernando Tomaz. Rio de Janeiro: Bertrand Brasil, 1989, p. 14-15.

resistência, tendo sido necessário que indivíduos da própria espécie humana passassem a combater essa agressão simbólica.

O cenário começa a mudar em 2008, na pequena cidade equatoriana de Montecristi. Com pouco mais de quatorze mil habitantes, situada na província de Manabí e conhecida tanto pela produção de chapéus Panamá (que do país da América Central levam só o nome) quanto por ser o local de nascimento de José Eloy Alfaro Delgado, governante do país no final do século XIX e início do século XX, e também precursor da Revolução Liberal Equatoriana, foi ela a sede da Assembleia Nacional Constituinte que deu origem à Constituição equatoriana de 2008, trazendo novos contornos para o constitucionalismo ocidental.

Inaugurando o que tem se convencionado denominar de Novo Constitucionalismo Latino-Americano, a Constituição de Montecristi, como ficou conhecida, abre espaço para a rediscussão de cânones epistemológicos até então tidos como absolutos.

A Carta equatoriana é a primeira a romper ao menos duas grandes barreiras erguidas há muito pelo pensamento dominante lastreado no Iluminismo: a de que o homem é o senhor absoluto do mundo (antropocentrismo); e a de que o único conhecimento válido é aquele baseado nos fundamentos eurocêntricos renascentistas (na razão). Um ponto emblemático da Constituição demonstra tal constatação: o reconhecimento jurídico-constitucional dos direitos da natureza, ou direitos de Pachamama.

Vem ela se opor aos cânones que, até então, representavam uma barreira simbólica ao desenvolvimento de novas fontes de conhecimento que não aquelas reconhecidas pelos dogmas da modernidade.

Reaproximando-se das antigas concepções gregas de estoicismo, cosmos e unidade orgânica do mundo, a Constituição do Equador de 2008 promove uma "virada estoica" no movimento constitucionalista e no Direito ocidental, ao constitucionalizar uma visão biocêntrica[199] na qual o homem é retirado do centro do universo e inserido novamente na natureza apenas como mais uma parte do todo, do grande espaço de produção e de realização da vida – Pachamama.

A importância do novo movimento constitucionalista é tamanha que Zaffaroni a compara com aquela promovida, em 1917, pela

---

[199] Os adeptos da corrente biocêntrica, como ensina Stroppa, "incluem os animais na esfera de consideração moral dos seres humanos e, defendem que estes, bem como todo o ambiente natural, possuem importância jurídica própria, tendo consequentemente um valor inerente". STROPPA, Tatiana; VIOTTO, Thaís Boonem. Antropocentrismo x biocentrismo: um embate importante. *Revista Brasileira de Direito Animal*, v. 9, n. 17, set./dez. 2014, p. 124.

Constituição mexicana, que inaugurou o Estado social. Nos dizeres do autor:

> Deste modo, Gaia, que entre nós é chamada de Pachamama e não chega a nós por meio de elaborações científicas, mas sim pelo ressurgimento da cultura ancestral de convivência com a natureza, incorpora-se ao direito constitucional como contribuição do constitucionalismo latino-americano para o universal, assim como em Querétaro – em 1917 – se inaugurou nada menos do que o constitucionalismo social.[200] (tradução do autor)

Longe de significar uma desvalorização[201] ou instrumentalização do ser humano,[202] os paradigmas adotados em Montecristi revelam uma

---

[200] Original: "De este modo Gaia, que entre nosotros se llama Pachamama y que no llega de la mano de elaboraciones científicas sino como resurgimiento de la cultura ancestral de convivencia en la naturaleza, se incorpora al derecho constitucional como otro aporte del constitucionalismo latinoamericano al universal, así como en Querétaro –en 1917– se inauguró nada menos que el constitucionalismo social". ZAFFARONI, Eugênio Raúl. La naturaleza como persona: Pachamama y Gaia. In: VARGAS, Idón Moisés Chivi (Org.). *Bolívia*: nueva constitución política del Estado – conceptos elementales para su desarrollo normativo. La Paz: 2010, p. 129-132. Disponível em: <http://www.vicepresidencia.gob.bo/IMG/pdf/ncpe_cepd.pdf>. p. 121.

[201] Ao contrário, a conscientização acerca dos direitos da natureza e dos animais valoriza o próprio homem, que, ao saber conviver com os demais seres vivos, aperfeiçoa-se enquanto ser humano. Afinal, lembram Frasch e Lund, estudos científicos demonstram existir íntima relação entre a forma como o homem trata os animais e o modo como ele trata os seus próprios semelhantes. Basta ver que a maioria dos *serial killers* e outros criminosos iniciaram suas "carreiras" matando e torturando animais. *In verbis*: "A primeira evidência bem documentada da ligação resultou do estudo de oitenta e quatro presos. O estudo, realizado nos anos 1960, descobriu que setenta e cinco por cento dos que tinham sido condenados por crimes violentos possuíam um registro anterior de crueldade contra animais. Vinte anos depois, outro estudo descobriu que 25% de 152 condenados agressivos tinham cometido cinco ou mais atos envolvendo crueldade aos animais quando eram crianças, comparado com somente 6% dos condenados não agressivos. Em um segundo estudo, os mesmos pesquisadores entrevistaram criminosos para obter o histórico de descrições de atos violentos contra animais. Os resultados propiciaram mais base para a conclusão deles de que crueldade em animais na infância está associada com comportamentos agressivos no futuro contra pessoas. Um estudo de 1988, sobre assassinos seriais em crimes sexuais (e o maior estudo até então), descobriu que 36% admitiram ter cometido crueldade em animais quando crianças, 46% admitiu ter cometido crueldade em animais em adolescentes (*sic*), e 36% quando adultos". FRASCH, Pamela; LUND, Hollie. O tratamento desigual de animais por espécie e prática nos Estados Unidos: um dilema moral e legal. *Revista Brasileira de Direito Animal*, ano 4, n. 5, jan./dez. 2009.

[202] Não é preciso temer o novo, ter receio da ampliação de direitos a outros seres que não os humanos, como tranquiliza Laurence Tribe, ao dizer que: "A primeira lição que nossa Constituição nos ensina é que os direitos não são uma coisa tão assustadora para reconhecer ou para conferir, já que os direitos quase nunca são absolutos. Argumentando que os direitos constitucionais em nome dos seres não humanos, por algumas pessoas se opõem visceralmente, não devem ser confundidos com dar a certos interesses não humanos prioridade absoluta sobre pretensões conflitantes dos humanos". TRIBE, Laurence. Ten

forma holística de ver e entender o planeta, pela qual se reconhece que todos os fatores (a exemplo dos econômicos, sociais, culturais, jurídicos e naturais) se encontram ligados, razão pela qual o homem não pode mais ser visto como um ser isolado da natureza, desnaturado, mas sim como um ser natural, inserido no contexto macro de produção e realização das diferentes formas de vida.

A nova concepção trazida pela Carta equatoriana representa a complementação das conquistas da modernidade, que se dá a partir da constatação de que o conhecimento jamais é absoluto, assim como não o é a ignorância. Como diz Boaventura de Souza Santos, ao formular a ideia de sociologia das ausências, todo conhecimento é conhecimento sobre algo específico, e toda ignorância é a ausência de um conhecimento específico.[203] Existem, pois, outras formas de conhecimento e outras visões de mundo que não aquelas derivadas puramente do racionalismo iluminista. A Carta equatoriana positiva protege e promove o que denomina de "saberes ancestrais", formas de conhecimento e de visões de mundo que se afastam do método científico cartesiano.

No contexto do que Boaventura de Sousa Santos denominou de "epistemologias do sul",[204] ou seja, uma teoria do conhecimento diferente das tradições europeias e baseada em fundamentos culturais, sociais e filosóficos outros, mais adequada à realidade dos países situados no sul do globo, a Constituição do Equador reconhece direitos diversos às comunidades indígenas[205] tradicionais, inclusive tornando oficiais línguas nativas faladas pelos povos originários.[206]

---

lessons our constitutional experience can teach us about the puzzle of animal rights: the work of Steven M. Wise. *Revista Brasileira de Direito Animal*, ano 4, n. 5, jan./dez. 2009.

[203] SANTOS, Boaventura de Sousa. Para uma sociologia das ausências e uma sociologia das emergências. *Revista Crítica de Ciências Sociais*, n. 63, p. 237-280, 2002.

[204] SANTOS, Boaventura de Sousa. *Public Sphere and Epistemologies of the South, Africa Development*, v. XXXVII, n. 1, p. 43-67, 2012. Importante ressaltar que, conforme adverte Boaventura em seu texto, o termo "Sul" não é utilizado aqui em sentido estritamente geográfico, mas sim como uma metáfora para um novo modo de pensar que seja anticapitalista, anti-imperialista e anticolonialista, ou seja, um modo de pensar que não se encaixe no pensamento europeu tradicional.

[205] Do mesmo modo a Constituição boliviana de 2009, valendo lembrar que a Bolívia é composta por trinta e seis nações indígenas distintas. VARGAS, Idón Moisés Chivi. Constitucionalismo emancipatorio, desarrollo normativo y jurisdicción indígena. In: *Bolívia: nueva constitución política del Estado – conceptos elementales para sudesarrollo normativo*. La Paz: 2010, p. 129-132. Disponível em: <http://www.vicepresidencia.gob.bo/IMG/pdf/ncpe_cepd.pdf>. p. 77.

[206] A exemplo do disposto em seu artigo 2º, que assim versa: "Art. 2º A bandeira, o emblema e o hino nacional, estabelecidos por lei, são os símbolos da pátria. O castelhano é a língua oficial do Equador; castelhano, Kichwa e Shuar são línguas oficiais de relações interculturais. As outras línguas ancestrais são de uso oficial para os povos indígenas nas áreas onde vivem e nos termos estabelecidos por lei. O Estado deve respeitar e encorajar a sua conservação e

No mesmo esteio, em 2009, também a Bolívia adota uma nova Constituição, calcada em valores plurais e protetora dos direitos das comunidades tradicionais, em especial das indígenas, e que, apesar de mais tímida[207] do que a Carta equatoriana no que tange ao reconhecimento de direitos à natureza, prevê, logo em seu Preâmbulo, a Pachamama como valor ímpar na refundação do Estado boliviano.[208] Vale a transcrição de dois parágrafos da parte preambular da Constituição:

> Nos tempos imemoriais montanhas foram erguidas, rios foram alterados, lagos foram formados. A nossa Amazônia, nossos territórios de caça, nossas terras altas e as nossas planícies e vales foram cobertos com folhagens e flores. Povoamos a sagrada Mãe Terra com rostos diferentes, e compreendemos, desde então, a pluralidade que rege todas as coisas e nossa diversidade como seres e culturas. Assim compreendemos nossos povos e nunca entendemos o racismo, até que o sofremos nos desastrosos tempos da colônia. [...]
> Cumprindo o mandato de nosso povo, com a força da nossa Pachamama e com as graças de Deus, refundamos Bolívia.[209]

---

uso". Ooriginal: "Art. 2º La bandera, el escudo y el himno nacional, establecidos por la ley, son los símbolos de la patria. El castellano es el idioma oficial del Ecuador; el castellano, el kichwa y el shuar son idiomas oficiales de relación intercultural. Los demás idiomas ancestrales son de uso oficial para los pueblos indígenas en las zonas donde habitan y en los términos que fija la ley. El Estado respetará y estimulará su conservación y uso". ECUADOR. *Constitución de la República del Ecuador*. Disponível em: <http://www.stf.jus.br/repositorio/cms/portalStfInternacional/newsletterPortalInternacionalFoco/anexo/ConstituicaodoEquador.pdf>.

[207] Diferentemente da Constituição do Equador, a boliviana ainda parece se inclinar rumo à posição tradicional que encara a natureza como um direito humano, em prescrição próxima àquela prevista na Constituição brasileira de 1988, como se vê em seus artigos 33 e 34. Todavia, é ela mais avançada, pois permite que qualquer pessoa ingresse na Justiça em defesa do meio ambiente, aproximando-se, assim, de uma concepção que posiciona a natureza como sujeito de direitos. ZAFFARONI, Eugênio Raúl. La naturaleza como persona: Pachamama y Gaia. In: VARGAS, Idón Moisés Chivi (Org.). *Bolívia*: nueva constitución política del Estado – conceptos elementales para sudesarrollo normativo. La Paz: 2010, p. 129-132. Disponível em: <http://www.vicepresidencia.gob.bo/IMG/pdf/ncpe_cepd.pdf>.

[208] Não se encontra, na Carta boliviana, referência expressa à Pachamama como sujeito autônomo de direitos, dotada de um sistema especial de proteção, como se vê na Constituição do Equador. Contudo, ao reconhecer as cosmovisões das populações tradicionais como valor fundante e orientador, a Constituição boliviana abre caminho para o fortalecimento da proteção da natureza, uma vez que diversas populações indígenas, como os Quechuá-Aimará, adotam uma visão holística de mundo. MEDINA, Fábio. "Pachamama, o filme": saberes indígenas e o novo constitucionalismo latino-americano. In: VAL, Eduardo Manuel; BERGO, Enzo (Org.). *O pensamento pós e descolonial no novo constitucionalismo latino-americano*. Caxias do Sul: Ed. Educs, 2014, p. 130-147.

[209] Original: "En tiempos inmemoriales se erigieron montañas, se desplazaron ríos, se formaron lagos. Nuestra amazonia, nuestro chaco, nuestro altiplano y nuestros llanos y

Em sede infraconstitucional, a proteção ambiental ganhou, na Bolívia, importantes reforços com a Lei nº 71, de 21 de dezembro de 2010 (conhecida como Lei de Direitos da Mãe Terra),[210] e Lei nº 300, de 15 de outubro de 2012,[211] conhecida como o marco na regulação da Mãe Terra e do desenvolvimento integral direcionado ao bem viver.

Reconhece-se, dessa feita, que a diversidade[212] do mundo é infinita e que existem diversas formas válidas de produção de conhecimento que serão desenvolvidas a partir de contextos históricos, sociais e culturais variados e, nem por isto, por não se enquadrarem naquilo que o "Norte"[213] reconhece como correto, serão consideradas inferiores ou "alternativas", no significado pejorativo do termo.

Essa diversidade de valores, de fontes de conhecimento e de filosofias de vida faz com que, no mundo pós-moderno, não seja mais possível identificar claramente um Estado liberal ou social nos moldes daqueles vistos alhures, sendo certo que se vive, hodiernamente, em um mundo plural que se reflete nas estruturas de um Estado igualmente complexo,[214] como diz Ost:

---

valles se cubrieron de verdores y flores. Poblamos esta sagrada Madre Tierra con rostros diferentes, y comprendimos desde entonces la pluralidad vigente de todas las cosas y nuestra diversidad como seres y culturas. Así conformamos nuestros pueblos, y jamás comprendimos el racismo hasta que lo sufrimos desde los funestos tiempos de la colonia. [...] Cumpliendo el mandato de nuestros pueblos, con la fortaleza de nuestra Pachamama y gracias a Dios, refundamos Bolivia". BOLÍVIA. *Constitución Política del Estado Plurinacional de Bolívia*, de 2009. Disponível em: <http://www.harmonywithnatureun.org/content/documents/159Bolivia%20Consitucion.pdf>.

[210] *Ley de Derechos de la Madre Tierra* – Ley nº 71, 21 de diciembre de 2010. Disponível em: <http://www.bdlaw.com/assets/htmldocuments/Bolivia%20Law%2071-2010.pdf>.

[211] Ley nº 300, de 15 de octubre de 2012. Ley Marco de la Madre Tierra y Desarrollo Integral para Vivir Bien. Publicada na *Gaceta Oficial del Estado Pluranacional de Bolívia*, n. 431, La Paz. Disponível em: <http://www.harmonywithnatureun.org/content/documents/157Bolivia%20Ley%20300.pdf>.

[212] Diversidade de pensamento, na forma de agir, de crenças, de comportamentos, entre outras. Como diz Boaventura: "É uma diversidade que engloba modos muito distintos de ser, de pensar e sentir, formas de conceber o tempo e a relação entre os seres humanos e entre humanos e não-humanos, formas de enfrentar o passado e o futuro e de organizar coletivamente a vida, a produção de bens e serviços, bem como de lazer" (tradução livre). Original: "It is a diversity that encompasses very distinct modes of being, thinking and feeling, ways of conceiving of time and the relation among human beings and between humans and non-humans, ways of facing the past and the future and of collectively organizing life, the production of goods and services, as well as leisure". SANTOS, Boaventura de Sousa. *Public Sphere and Epistemologies of the South, Africa Development*, v. XXXVII, n. 1, 43-67, p. 51, 2012.

[213] Como contraposição ao termo "Sul", utilizado por Boaventura de Sousa Santos, significando a teoria clássica do conhecimento inserta em um contexto histórico-social de sociedades capitalistas, imperialistas e colonialistas.

[214] Como se verá no capítulo 3, a complexidade do mundo pós-moderno levará o juiz a desempenhar um papel de suma importância na promoção dos valores expressos no

Se é verdade que somos, ao mesmo tempo, herdeiros do Direito liberal gerado pelo Estado de Direito, e do Direito social produzido pelo Estado-providência, se é verdade, também, que essas duas formas de Estado entraram em crise, sem com isso terem desaparecido e, enfim, se é verdade que desses distúrbios surge um Direito pós-moderno cujos contornos não se delineiam nitidamente, restará comprovado, então, o grau de complexidade da situação presente.[215] (tradução do autor)

Nem puramente social, muito menos liberal, o novo constitucionalismo traz um Estado Constitucional Ecológico, com novos dogmas, sendo que, a partir de então, o antropocentrismo passa a ficar *vis-à-vis* com o biocentrismo; o direito ambiental – desenvolvido sob a premissa da superioridade humana – se vê confrontado pelo direito ecológico[216] – alicerçado na ideia de que o homem é apenas um dos integrantes de um sistema maior – e o homem cartesiano (verdadeiro "unencumbered self"),[217] absoluto e intangível em sua racionalidade pura, vê-se questionado por um ser emotivo, irracional, culturalmente enraizado.

É nesse cenário de diversidade, de pluralidade, de confronto de ideias, que o calor cultural alastra-se. Assim como o calor, na física, representa a inquietude dos átomos e partículas, o calor cultural representa o dinamismo das ideias, dos pensamentos, enfim, a pluralidade em debate. É ele fruto da dialógica cultural e, também, seu produtor (relação recursiva entre calor cultural e dialógica cultural). Assim, onde há calor cultural[218] há exame crítico e, em consequência, abre-se a possibilidade de questionamento de paradigmas, doutrinas, dogmas:

---

ordenamento constitucional e a se portar como protagonista (ou, ao menos, como um dos atores) do processo de construção da política e do Direito, por exemplo, portando-se como pioneiro na defesa dos direitos da natureza e dos animais não humanos.

[215] Original: "Si es verdad que somos al mismo tiempo los herederos del Derecho liberal generado por el Estado de Derecho y del Derecho social producido por el Estado asistencial, si es verdad también que estas dos formas de Estado han entrado ellas mismas en crisis, sin por ello haber desaparecido, si es verdad, en fin, que de estos trastornos surge un Derecho postmoderno cuyos contornos no se delinean nítidamente, se comprobará entonces el grado de complejidad de la situación presente". OST, François. Júpiter, Hércules, Hermes: tres modelos de juez. Tradução de Isabel Lifante Vidal. *Revista Doxa*, n. 14, 1993, p. 183.

[216] MÉNDEZ, Julio Marcelo Prieto. *Derechos de la naturaleza*: fundamento, contenido y exigibilidad jurisdiccional. Quito: Corte Constitucional del Ecuador, 2013, p. 16.

[217] A expressão se refere ao homem tratado como ser O indivíduo abstrato, desenraizado, separado do restante do mundo. SANDEL, Michael. The Procedural Republic and the Unencumbered Self. In: GOODIN, Robert; PETIT, Philip. *Contemporary Political Philosophy*, p. 256-256.

[218] MORIN, Edgar. *O método*: as ideias, habitat, vida, costumes, organização. v. 4. Tradução de Juremir Machado da Silva. 4. ed. Porto Alegre: Sulina, 2008, p. 33-35.

É, antes de tudo, em nível de estereótipos que o exame crítico e a livre discussão exercem a sua ação corrosiva; quando a dialógica se aprofunda, a corrosão atinge as doutrinas. Ao aprofundar-se e intensificar-se ainda mais, a problematização atinge o próprio núcleo das doutrinas e pode mesmo terminar por questionar o poder oculto e supremo dos paradigmas.[219]

A superação da tradicional visão antropocêntrica e a constitucionalização da natureza enquanto sujeito de direitos marca um novo tempo no constitucionalismo.[220] Assim, a partir de um processo de alteridade constitucional, abre-se o caminho para a mudança no constitucionalismo existente nos demais países,[221] sobretudo nos latino-americanos. Surge, enfim, a possibilidade de se discutir um novo direito constitucional realmente inclusivo e capaz de reconhecer as diferenças existentes em sociedades plurais.

2.2.4.2 A questão ambiental no novo constitucionalismo latino-americano: a natureza como sujeito de direitos

É no trato da questão ambiental que o novo movimento constitucionalista de origem andina, em especial a Constituição do Equador,[222] provoca uma verdadeira revolução de paradigma. Distancia-se da visão antropocêntrica para adotar uma concepção biocêntrica, em que a natureza (da qual o homem é apenas parte) está no centro das

---

[219] MORIN, Edgar. *O método*: as ideias, habitat, vida, costumes, organização. v. 4. Tradução de Juremir Machado da Silva. 4. ed. Porto Alegre: Sulina, 2008, p. 36.

[220] MÉNDEZ, Julio Marcelo Prieto. *Derechos de la naturaleza*: fundamento, contenido y exigibilidad jurisdiccional. Quito: Corte Constitucional del Ecuador, 2013, p. 23.

[221] O exemplo francês é emblemático. Berço do iluminismo e, portanto, dos ideais da modernidade, a França passou a reconhecer, a partir do início de 2015, os animais como seres vivos dotados de sensibilidade, e a caminhar rumo à superação da concepção tradicional que os trata como coisas. O Código Civil francês foi alterado e passou a prever expressamente que: "515-14: Os animais são seres vivos dotados de sensibilidade" (tradução do autor). Original: "515-14 Les animaux sont des êtres vivants doués de sensibilité". FRANÇA. *Código Civil*. Disponível em: <http://codes.droit.org/cod/civil.pdf>. Sobre o caloroso debate no parlamento francês que resultou na alteração da lei civil francesa, imprescindíveis os apontamentos encontrados em NEUMANN, Jean-Marc. The legal status of animals in the french civil code – the recognition by the french civil code that animals are living and sentient beings: symbolic move, evolution or revolution?. In: *Global Journal of Animal Law* (GJAL) 1/2015.

[222] Lembre-se de que a Constituição boliviana, apesar de inovadora, ficou aquém da equatoriana em termos de emancipação da natureza como sujeito autônomo de direitos, uma vez que, ao menos expressamente, não a reconheceu como tal.

preocupações e é alçada à condição de sujeito de direitos, deixando de ser mero objeto. O preâmbulo da Constituição do Equador de 2008 já permite antever a mudança, ao dizer que o povo equatoriano promulga a Carta "Celebrando a natureza, a Pacha Mama, que é vital para a nossa existência e da qual somos parte"[223] (tradução do autor). Sobre o novo paradigma, eis o que diz Julio Marcelo Prieto Méndez:

> Em síntese, o paradigma constitucional econômico-social se ergue sobre bases que não existiam nas constituições clássicas: a ideia de que o direito de propriedade e a iniciativa econômica estão sujeitas às funções social e ambiental.[224] (tradução do autor)

Não se desconhece que, em outras partes do mundo, mesmo antes de 2008, determinados ordenamentos jurídicos passaram a prever disposições acerca dos direitos de outros seres vivos que não o homem.[225] Tais previsões são vistas, sobretudo, em alguns sistemas jurídicos europeus, como o alemão[226] e o suíço.[227] Recentemente, também

---

[223] Original: "CELEBRANDO a la naturaleza, la Pacha Mama, de la quesomos parte y que es vital para nuestra existencia". ECUADOR. Constitución de la República Del Ecuador. Disponível em: <http://www.stf.jus.br/repositorio/cms/portalStfInternacional/newsletterPortalInternacionalFoco/anexo/ConstituicaodoEquador.pdf>.

[224] Original: "En síntesis, el paradigma constitucional ecosocial se erige sobre las bases de algo que no estaba en las constituciones clásicas: la idea de que el derecho de propiedad y la iniciativa económica está supeditada a la función social y ambiental". MÉNDEZ, Julio Marcelo Prieto. Derechos de la naturaleza: fundamento, contenido y exigibilidad jurisdiccional. Quito: Corte Constitucional del Ecuador, 2013, p. 78.

[225] Nos moldes lembrados por Pamela Frasch e HollieLund: "De maior interesse, entretanto, é o fato de que a primeira lei anti-crueldade na América foi criada há mais de trezentos anos (pela Colônia da Baía de Massachusetts), seguida pela primeira lei anti-crueldade estatal em 1804 [...]". FRASCH, Pamela; LUND, Hollie. O tratamento desigual de animais por espécie e prática nos Estados Unidos: um dilema moral e legal. *Revista Brasileira de Direito Animal*, ano 4, n. 5, jan./dez. 2009, p. 29.

[226] Na Alemanha, em 1995, foi proibido o sacrifício de animais em rituais muçulmanos. Posteriormente, todavia, em 2002, a Corte Constitucional reverteu a proibição, o que provocou intensas discussões sobre o tema, levando o Parlamento a aprovar, ainda em 2002, emenda constitucional através da qual se acrescentou, na Lei Fundamental de Bonn, o artigo 20-a, dispondo sobre obrigação do Estado proteger os animais, nos seguintes termos: "Ciente também da sua responsabilidade para com as gerações futuras, o Estado deve proteger as bases naturais da vida e os animais, em conformidade com a legislação e justiça, através de ações executivas e judicias, tudo dentro do quadro da ordem constitucional" (tradução livre). Original: "Der Staat schützt auch in Verantwortung für die künftigen Generationen die natürlichen Lebensgrundlagen und die Tiere im Rahmen der verfassungsmäßigen Ordnung durch die Gesetzgebung und nach Maßgabe von Gesetz und Recht durch die vollziehende Gewalt und die Rechtsprechung". Disponível em: <http://www.gesetze-im-internet.de/bundesrecht/gg/gesamt.pdf>. Sobre a evolução jurídico-constitucional dos direitos dos animais no ordenamento alemão: EVANS, Erin. Constitutional inclusion of animals rights in germany and switzerland: how did animal protection become an issue of national importance?. *Society and Animals*, n. 18, p. 231-250, 2010.

[227] Na Suíça, a Constituição da Argóvia, cantão situado entre Zurique e Basileia, foi a primeira a trazer a referência da dignidade dos animais. Posteriormente, em 2000, a dignidade das

Portugal alterou seu Código Civil, passando a considerar os animais como seres vivos dotados de sensibilidade.[228] Porém, apesar da importância desses dispositivos, que demonstram uma tendência de alargamento dos direitos não humanos, são eles pontuais e isolados.

No novo constitucionalismo latino-americano, ao contrário, as mudanças são estruturais, atingindo a raiz do ordenamento jurídico a partir de alterações na base filosófica de sua fundamentação. Na Constituição equatoriana, os direitos da natureza, em vez de pontuais, são marcados pela transversalidade, ou seja, permeiam o ordenamento constitucional (e, consequentemente, se irradiam para o infraconstitucional) como um todo, refletindo mudanças, inclusive, nos próprios direitos do homem. Em relação ao aspecto da transversalidade, Méndez, ao falar do Segundo Encontro Internacional dos Direitos da Natureza, expõe que:

> Durante esse concorrido Encontro Internacional para discutir sobre os direitos da natureza, Pisarello explicou à audiência que um dos efeitos de reconhecer direitos à natureza é a "releitura dos direitos humanos reconhecidos na Constituição", como o direito ao trabalho, artigo 127, à educação, artigo 128, à habitação e mobilidade, artigo 129, ao desenvolvimento, artigo 130, advertindo que tais direitos devem ser explicados "à luz dos direitos da natureza", o que representa, em si, uma extensão das possibilidades para a defesa dos direitos humanos no caso do Equador. [...]
> Outro exemplo de transversalidade dos direitos da natureza está no artigo 83 da Constituição, que trata das responsabilidades dos cidadãos, impondo o dever de "respeitar os direitos da natureza, preservar um ambiente saudável e utilizar os recursos naturais de modo racional e sustentável", o que, devemos reconhecer, constitui uma obrigação erga omnes, cujo cumprimento, evidentemente, defende a efetividade dos direitos da natureza e obriga as equatorianas e os equatorianos a repensar uma nova forma de relação com os recursos naturais, não mais fundamentada em uma suposta titularidade ou direito de exploração, como faz a maioria das Constituições. Desse modo, percebemos que um dos desafios à aplicação eficaz da DDN é aplicá-los transversalmente, o

---

criaturas foi também inserida na Constituição Federal. GOETSCHEL, Antoine François. *Animal cloning and animal welfare legislation in Switzerland.* Report by the Foundation for the Animal in the Law, CH-Berne/Zurich. Symposium at the University of Lueneburg, Germany, 2000.

[228] Segundo consta em seu artigo 201-B. Disponível em: <http://www.pgdlisboa.pt/leis/lei_mostra_articulado.php?nid=775&tabela=leis&so_miolo=>.

que exige repensar um constitucionalismo que vá além da esfera social e, até mesmo, da esfera socioambiental.[229] (tradução do autor)

Chega-se mesmo a dizer que essa nova fase do constitucionalismo traz consigo um verdadeiro "mandato ecológico",[230] um enorme avanço que, muito provavelmente, será visto, no futuro, na maioria das Cartas Constitucionais. É a era da chamada sustentabilidade superforte.[231]

Nesse contexto, a Constituição do Equador, no sétimo capítulo de seu Título II, inaugura uma parte específica do corpo constitucional destinada aos direitos da natureza. O primeiro de seus dispositivos, artigo 71, assim versa:

> Art. 71. A natureza, ou Pacha Mama, onde se reproduz e se realiza a vida, tem direito de ser plenamente respeitada em sua existência e na manutenção e regeneração de seus ciclos vitais, estruturas, funções e processos evolutivos.[232] (tradução do autor)

---

[229] Original: "Durante este concurrido Encuentro Internacional para discutir acerca de los DDN, Pisarello explicó a la audiencia que uno de los efectos de reconocer derechos a la naturaleza es la 'relectura de los derechos humanos reconocidos en la Constitución', como el derecho al trabajo, a la educación, a la vivienda y movilidad, o el régimen de desarrollo, que advirtió, deben ser explicados 'a la luz de los DDN', lo cual supone por sí mismo una ampliación de las posibilidades para la defensa de los derechos humanos en el caso ecuatoriano.[...] Otro ejemplo de esta transversalidad de los DDN lo tenemos al considerar el artículo 83 de la Constitución, que nos habla de las responsabilidades de los ciudadanos y propugna el deber de 'respetar los derechos de la naturaleza, preservar un ambiente sano y utilizar los recursos naturales de un modo racional, sustentable y sostenible', pues debemos reconocer que constituye una obligación erga omnes, cuyo cumplimiento evidentemente apoya la efectividad de los DDN en tanto que obliga a las ecuatorianas y ecuatorianos repensar una nueva forma de relación con los recursos naturales, que no está basada en su titularidad o derecho de explotación, como hace la mayoría de constituciones. De este modo, nos encontramos con que otros de los retos para una efectiva vigencia de los DDN es aplicarlos transversalmente, lo que demanda repensar un constitucionalismo que vaya más lejos del ámbito social, e incluso de lo socioambiental". MÉNDEZ, Julio Marcelo Prieto. *Derechos de la naturaleza*: fundamento, contenido y exigibilidad jurisdiccional. Quito: Corte Constitucional del Ecuador, 2013, p. 78.

[230] GUDYNAS, Eduardo. Los derechos de naturaleza en serio: respuestas y aportes desde la ecología política. In: ACOSTA, Alberto; MARTÍNEZ, Esperanza (Org.). *La naturaleza con derechos*. De la filosofía a la política. Quito: Editorial AbyaYala, 2011, p. 239.

[231] É a sustentabilidade marcada pelo posicionamento da natureza como sujeito de direitos. GUDYNAS, Eduardo. Desarrollo, derechos de la naturaleza y buen vivir después de Montecristi. In: WEBER, Gabriela (Ed.). *Debates sobre cooperación y modelos de desarrollo*: perspectivas de la sociedad civil en el Ecuador. Centro de Investigaciones, Ciudad y Observatorio de la Cooperación al Desarrollo, Quito, 2011.

[232] Original: "Art. 71. La naturaleza o Pacha Mama, donde se reproduce y realiza la vida, tiene derecho a que se respete integralmente su existencia y el mantenimiento y regeneración de sus ciclos vitales, estructura, funciones y procesos evolutivos". ECUADOR. *Constitución de la República del Ecuador*. Disponível em: <http://www.stf.jus.br/repositorio/cms/portalStfInternacional/newsletterPortalInternacionalFoco/anexo/ConstituicaodoEquador.pdf>.

Esse é, portanto, o dispositivo central da Constituição da República do Equador, que representa a mudança de paradigma ocasionada pelo novo constitucionalismo latino-americano e se relaciona, intimamente, com outro dispositivo constitucional, que estabelece o *sumak kawsay*,[233] ou seja, o bem viver,[234] como direito fundamental, sendo que esse somente poderá ser atingido com uma convivência harmônica com a natureza. Interessante notar que o próprio constituinte cuidou de traçar os delineamentos necessários à compreensão do que se entende por natureza, para fins de titularização de direitos. Natureza, portanto, não é qualquer espaço natural ou ser vivo,[235] mas sim o local no qual a vida se reproduz e se realiza, como alerta Méndez:

> Esta interpretação implica que a proteção gerada por este direito constitucional não ampara os organismos vivos isoladamente considerados, mas sim o seu conjunto e as suas inter-relações.[236] (tradução do autor)

---

[233] Em sede legal, é possível encontrar o conceito de *sumak kawsay* na já citada lei boliviana nº 300, de 15 de outubro de 2012, cujo artigo 5º, item 2, assim diz: "É o horizonte civilizatório e cultural alternativo ao capitalismo e à modernidade, que nasce das cosmovisões das nações e dos povos indígenas nativos, e das comunidades interculturais e afro-bolivianas, e é concebido no contexto do multiculturalismo. É alcançado de forma coletiva, complementar e solidária, integrando em sua realização prática, entre outras dimensões, a social, a cultural, a política, a econômica, a ambiental e a emocional, para garantir o encontro harmonioso de todos os seres, componentes e os recursos da Mãe Terra. Significa viver em complementariedade, em harmonia e equilíbrio com a Mãe Terra e sociedades, com equidade e solidariedade, eliminando as desigualdades e os mecanismos de dominação. Viver Bem é, entre nós, viver bem com o que nos rodeia e viver bem consigo mesmo" (tradução do autor). Original: "Es el horizonte civilizatorio y cultural alternativo al capitalismo y a la modernidad que nace en las cosmovisiones de las naciones y pueblos indígena originario campesinos, y las comunidades interculturales y afrobolivianas, y es concebido en el contexto de la interculturalidad. Se alcanza de forma colectiva, complementaria y solidaria integrando en su realización práctica, entre otras dimensiones, las sociales, las culturales, las políticas, las económicas, las ecológicas, y las afectivas, para permitir el encuentro armonioso entre el conjunto de seres, componentes y recursos de la Madre Tierra. Significa vivir en complementariedad, en armonía y equilibrio con la Madre Tierra y las sociedades, en equidad y solidaridad y eliminando las desigualdades y los mecanismos de dominación. Es Vivir Bien entre nosotros, Vivir Bien con lo que nos rodea y Vivir Bien consigo mismo". Ley nº 300, de 15 de octubre de 2012. Ley Marco de la Madre Tierra y Desarrollo Integral para Vivir Bien. Publicada na *Gaceta Oficial del Estado Plurinacional de Bolívia*, n. 431, La Paz. Disponível em: <http://www.harmonywithnatureun.org/content/documents/157Bolivia%20Ley%20300.pdf>.

[234] MURCIA, Diana. El sujeto naturaleza: elementos para su compresión. In: ACOSTA, Alberto; MARTÍNEZ, Esperanza (Org.). *La naturaleza con derechos. De la filosofía a la política*. Quito: Editorial AbyaYala, 2011, p. 301.

[235] Reconhecer a natureza como titular de direitos não significa, assim, o reconhecimento automático de direitos dos animais ou de organismos vivos variados, como as plantas. Como visto, no caso do Equador, optou-se por uma conceituação de natureza que leva em conta o conjunto, e não os organismos em separado.

[236] Original: "Esta interpretación implica que la protección generada por este derecho constitucional no ampara a organismos vivos aisladamente considerados, sino al conjunto

Prossegue a Carta, em seu artigo 72, deixando clara a independência existente entre os direitos do homem e os da natureza, um complementando o outro, mas não substituindo. In verbis:

Art. 72. A natureza tem direito à restauração. Esta restauração será independente da obrigação que tem o Estado e as pessoas jurídicas ou naturais de indenizar os indivíduos e grupos que dependem dos sistemas naturais afetados.[237] (tradução do autor)

Tem-se que, na maioria das vezes, as violações ambientais provocam danos a indivíduos e a comunidades. Basta pensar na poluição de um rio, por exemplo, que impede a pesca e a utilização da água, gerando danos aos moradores que utilizam aquele espaço da natureza para o seu sustento. Diante de uma violação como essa, a Carta equatoriana deixa expresso que, ao infrator, não bastará apenas indenizar os seres humanos prejudicados, mas também promover a restauração do rio, por se tratar de diferentes sujeitos de direitos. A malversação da natureza não pode mais se resumir à mera reparação pecuniária. Busca-se a realização de uma justiça ecológica (focada na proteção da natureza), além da justiça ambiental (com enfoque no homem e nos prejuízos por ele suportados diante das violações ambientais). Assim expõe Acosta:

[...] a justiça ecológica pretende assegurar a permanência e a sobrevivência das espécies e ecossistemas enquanto conjuntos, enquanto redes de vida. Não é de sua responsabilidade a indenização dos humanos pelo dano ambiental. Ela se expressa na restauração dos ecossistemas afetados. Na realidade, devem ser aplicadas, simultaneamente, as duas justiças: ambiental, para as pessoas; e a ecológica, para a natureza, sendo elas estruturalmente e estrategicamente vinculadas.[238] (tradução do autor)

---

de estos y sus interrelaciones". MÉNDEZ, Julio Marcelo Prieto. *Derechos de la naturaleza*: fundamento, contenido y exigibilidad jurisdiccional. Quito: Corte Constitucional del Ecuador, 2013, p. 91.

[237] Original: "Art. 72. La naturaleza tiene derecho a la restauración. Esta restauración será independiente de la obligación que tienen el Estado y las personas naturales o jurídicas de Indemnizar a los individuos y colectivos que dependan de los sistemas naturales afectados". ECUADOR. *Constitución de la República del Ecuador*. Disponível em: <http://www.stf.jus.br/repositorio/cms/portalStfInternacional/newsletterPortalInternacionalFoco/anexo/ConstituicaodoEquador.pdf>.

[238] Original: "[...] la justicia ecológica pretende asegurar la persistencia y sobrevivencia de las especies y sus ecosistemas, como conjuntos, como redes de vida. No es de su incumbencia la indemnización a los humanos por el daño ambiental. Se expresa en la restauración de los ecosistemas afectados. En realidad se deben aplicar simultáneamente las dos justicias: la ambiental para las personas, y la ecológica para la Naturaleza; son justicias estructural y estratégicamente vinculadas". ACOSTA, Alberto. Los derechos de la naturaleza: una

CAPÍTULO 2
A QUESTÃO JURÍDICO-AMBIENTAL | 89

Comparando as obrigações geradas pelos direitos humanos com aquelas originadas dos direitos da natureza, Murcia reverbera que:

> A Constituição atribui ao Estado obrigações para com a Pacha Mama que podemos classificar conforme as obrigações internacionais dos Estados diante dos direitos humanos, isto é, como obrigações de respeito (de não fazer; abstencionista), de proteção (diante da ação de terceiros) e de garantia de seus direitos (adoção de medidas preventivas, investigação das violações, punição e restauração).[239] (tradução do autor)

Na Bolívia é possível encontrar disposições semelhantes. Em que pese, como dito, ter a Constituição sido mais econômica (tímida) no que tange aos direitos da natureza, a legislação infraconstitucional encarregou-se do vanguardismo, trazendo previsões iguais ou mesmo mais avançadas do que aquelas vistas na Constituição do Equador. Dois são os principais diplomas que regulam o tema: a Lei nº 71, de 21 de dezembro de 2010 (Lei dos Direitos da Mãe Terra);[240] e a Lei nº 300, de 15 de outubro de 2012,[241] conhecida como a Lei Marco da Mãe Terra e do Desenvolvimento Integral.

A definição de Mãe Terra como "sistema vivo dinâmico composto pela comunhão indivisível de todos os sistemas de vida e seres vivos, inter-relacionados, interdependentes e complementares, que compartilham um destino comum", prescrita no artigo 3º da Lei dos Direitos da Mãe Terra, em muito se aproxima da definição constante na Constituição do Equador.

Elenca o ato normativo, em seu artigo 7º, sete direitos expressos e específicos da Mãe Terra, quais sejam: (i) direito à vida (integridade dos ecossistemas e dos processos naturais, bem como os processos

---

lectura sobre el derecho a la existencia. In: ACOSTA, Alberto; MARTÍNEZ, Esperanza (Org.). *La naturaleza con derechos*. De la filosofía a la política. Quito: Editorial AbyaYala, 2011, p. 355.

[239] Original: "[...] la Constitución pone en cabeza del Estado obligaciones para con la Pacha Mama que bien podemos clasificar conforme a las obligaciones internacionales de los estados frente a los derechos humanos, esto es, obligación de respeto (de no hacer), de protección (frente a la acción de terceros) y de garantía de sus derechos (adopción de medidas de prevención, investigar las violaciones, sancionar, reparar y restaurar". MURCIA, Diana. El sujeto naturaleza: elementos para su compresión. In: ACOSTA, Alberto; MARTÍNEZ, Esperanza (Org.). *La naturaleza con derechos*. De la filosofía a la política. Quito: Editorial AbyaYala, 2011, p. 304.

[240] *Ley de Derechos de la Madre Tierra* – Ley nº 71, 21 de deciembre de 2010. Disponível em: <http://www.bdlaw.com/assets/htmldocuments/Bolivia%20Law%2071-2010.pdf>.

[241] Ley nº 300, de 15 de octubre de 2012. Ley Marco de la Madre Tierra y Desarrollo Integral para Vivir Bien. Publicada na *Gaceta Oficial del Estado Plurinacional de Bolívia*, n. 0431, La Paz. Disponível em: <http://www.harmonywithnatureun.org/content/documents/157Bolivia%20Ley%20300.pdf>.

regenerativos); (ii) direito à diversidade de vida (manutenção da biodiversidade, sendo vedada a interferência humana, inclusive no âmbito genético, que ameace a sua existência ou manutenção); (iii) direito à água (proteção dos ciclos de água, em especial contra a poluição); (iv) direito ao ar limpo; (v) direito ao equilíbrio (devem ser mantidas as condições para que as relações travadas na natureza sejam equilibradas, interdependentes e complementares); (vi) direito à restauração; (vii) direito a viver livre de contaminações.

A legislação prossegue em seu pioneirismo criando um órgão específico responsável por zelar pelo efetivo respeito aos direitos da natureza, a chamada Defensoria da Mãe Terra (La Defensoria de la Madre Tierra – artigo 10).

Já a Lei Marco da Mãe Terra e do Desenvolvimento Integral situa a natureza como detentora de direitos, caracterizando-a como sujeito coletivo de interesse público, o que se vê logo em seu artigo 4º, 1, "a": "Direitos da Mãe Terra enquanto sujeito coletivo de interesse público".[242] Estabelece, ademais, ser obrigação de todos, em especial do Poder Público (artigo 34),[243] a proteção, o respeito e a promoção dos direitos da natureza, dispondo que a sua violação caracteriza tanto uma afronta ao direito público quanto aos direitos coletivos e individuais (artigo 38).[244]

E, para mostrar a importância que tais direitos assumem no ordenamento boliviano, o artigo 44 proíbe a concessão de determinados benefícios penais aos acusados por crimes cometidos contra a Mãe Terra, como a suspensão condicional da pena, bem como os torna imprescritíveis.

Fica evidente a mudança de tratamento trazida pelo movimento constitucionalista andino do século XX, que, desatando-se das amarras epistemológicas que até então engessavam o constitucionalismo

---

[242] Original: "Derechos de la Madre Tierra como sujeto colectivo de interés púbico". Ley Marco de la Madre Tierra y Desarrollo Integral para Vivir Bien. Publicada na Gaceta Oficial del Estado Pluranacional de Bolívia, n. 431, La Paz. Disponível em: <http://www.harmonywithnatureun. org/content/documents/157Bolivia%20Ley%20300.pdf>.

[243] Artigo 34. São encarregadas de proteger os direitos da Mãe Terra, seus sistemas de vida e seus componentes, sob o desenvolvimento integral direcionado ao Bem Viver, as autoridades públicas, administrativas e judiciais, conforme suas competências (tradução do autor). Ley Marco de la Madre Tierra y Desarrollo Integral para Vivir Bien. Publicada na Gaceta Oficial del Estado Pluranacional de Bolívia, n. 431, La Paz. Disponível em: <http://www.harmonywithnatureun.org/content/documents/157Bolivia%20Ley%20300.pdf>.

[244] Artigo 38: A violação dos direitos da Mãe Terra constitui, sob o desenvolvimento integral direcionado ao Bem Viver, violação de direito público e de direitos coletivos e individuais. Ley Marco de la Madre Tierra y Desarrollo Integral para VivirBien. Publicada na Gaceta Oficial del Estado Pluranacional de Bolívia, n. 431, La Paz. Disponível em: <http://www. harmonywithnatureun.org/content/documents/157Bolivia%20Ley%20300.pdf>.

ocidental, passa a consagrar o biocentrismo como visão de mundo e a natureza como sujeito de direitos. Afinal, como lembra Tribe, se o Direito reconhece a determinadas entidades fictícias, como as pessoas jurídicas, a qualidade de sujeito de direitos, não há razão para deixar de fazê-lo em relação aos demais seres vivos e à própria natureza.[245]

É certo que o novo sempre causa ansiedade, receio, dúvidas, mas é necessário que se expanda, de vez, a concepção biocêntrica trazida pelo constitucionalismo andino, bem como que se reconheçam aos demais seres vivos não humanos suas condições de sujeitos de direitos. Ademais, pouco tempo atrás na história, muitos receavam o reconhecimento de direitos para todos os seres humanos, a exemplo dos negros e das mulheres.

O ambiente passou, assim, de um nada jurídico (Estado liberal), a um objeto de direitos tutelado em razão de interesses meramente econômicos (Estado social), para finalmente ter o seu valor intrínseco reconhecido pelo Direito, passando a ser visto como titular de posições jurídicas (Estado constitucional-ecológico).

No próximo e derradeiro capítulo, será analisado, especificamente, como o ordenamento jurídico brasileiro tratou a questão ambiental ao longo da história.

---

[245] TRIBE, Laurence. Ten lessons our constitutional experience can teach us about the puzzle of animal rights: the work of Steven M. Wise. *Revista Brasileira de Direito Animal*, ano 4, n. 5, jan./dez. 2009, p. 101.

CAPÍTULO 3

RUMO À CONSTITUIÇÃO GAIA – A QUESTÃO AMBIENTAL NO ORDENAMENTO JURÍDICO BRASILEIRO

3.1 Noções

Chega-se ao momento de analisar como o direito brasileiro cuida da questão ambiental. Para tanto, imprescindível se faz uma perquirição histórica no ordenamento brasileiro (e, inclusive, português, em relação à época colonial). Conforme se verá, o direito brasileiro, no que tange ao meio ambiente, seguiu uma linha evolutiva tipicamente ocidental. A doutrina costuma dividi-la em três etapas, conforme a visão de mundo predominante: individualista; fragmentária; holística.

Na primeira, o meio ambiente não era digno de preocupação jurídica, de modo que, apesar de existirem algumas normas esparsas tutelando o tema, eram elas de caráter privatístico, uma vez que a natureza não era considerada sequer como um bem jurídico autônomo. Relembrando o que outrora visto, pode-se dizer que esta é a concepção predominante no Estado liberal brasileiro. Basicamente, estende-se desde o descobrimento do Brasil até 1950, quando começaram a surgir os primeiros diplomas normativos que posicionam o meio ambiente como objeto autônomo de direitos.

Notadamente a partir de 1960, inicia-se, em terras brasileiras, a fase fragmentária de proteção ao meio ambiente, que, por passar a ser visto e entendido como recurso dotado de caráter econômico (recurso natural), ganha autonomia e faz com que sejam criadas normas visando à regulação das atividades exploratórias. Basta ver que, em doze anos, de 1965 a 1977, foram positivados cinco diplomas normativos de relevo, versando, por exemplo, sobre a água, a fauna e a flora. Tal fase é denominada de fragmentária porque as leis existentes eram setorializadas e se voltavam somente às partes do meio ambiente dotadas de importância econômica. É a fase do Estado social.

De 1981 em diante, inicia-se a terceira etapa, dita holística, com o meio ambiente passando a ser compreendido em sua totalidade, em sua interdependência. O marco inicial legislativo fica por conta da Lei nº 6.938/81, ao dispor sobre a Política Nacional do Meio Ambiente, criando o Sistema Nacional do Meio Ambiente. A pedra de toque dessa nova concepção foi a Constituição Federal de 1988, primeira Carta Constitucional brasileira a reservar uma parte específica para tratar da questão ambiental.

Importante notar, todavia, que a classificação acima exposta leva em consideração, em termos cronológicos, apenas a história a partir da chegada do homem ocidental às terras brasileiras, deixando de lado os povos originários, pré-colombianos, os quais, obviamente, já se relacionavam com a natureza que os cercava.

No presente capítulo será traçado o panorama histórico-jurídico da questão ambiental no Brasil. Para fins de sistematização, vale traçar as linhas que formarão o seu roteiro. Primeiramente, será feita uma breve passagem pelo ordenamento brasileiro, desde a época colonial. Serão expostas as principais normas jurídicas que se dedicaram, em maior ou menor grau, à tutela do ambiental, a partir da transcrição dos dispositivos legais mais relevantes.

O enfoque dar-se-á na Constituição Federal de 1988, primeira Constituição brasileira a dedicar uma parte específica à questão ambiental, com o propósito de demonstrar que, apesar do grande desenvolvimento por ela promovido no que tange à proteção ambiental, a Carta ainda não se insere no Estado Constitucional Ecológico inaugurado pelo novo constitucionalismo latino-americano.

Como forma de adequação, ou seja, para que tenhamos uma Constituição Gaia, consentânea com os valores holísticos do mundo pós-moderno e jurídicos do novo constitucionalismo andino, propõem-se, ao final, determinadas mudanças de paradigmas a serem inseridas na Carta de Outubro.

3.2 De Cabral a Guimarães: a natureza e o direito em *terrae brasilis*

3.2.1 Do período colonial

Com a colonização europeia, a visão de mundo dos povos originários foi substituída pela matriz eurocêntrica de pensamento. A chegada de Pedro Álvares Cabral marcou, assim, uma nova etapa no tratamento da questão ambiental no Brasil:

> Pouco depois do retorno de Vasco da Gama a Portugal, o Rei Dom Manuel, o Venturoso, mandou organizar uma esquadra com o objetivo de garantir a supremacia portuguesa na Índia. Outra finalidade da expedição era difundir a religião cristã entre os pagãos.
> A esquadra, a maior até então organizada em Portugal, era composta de treze navios e tinha aproximadamente 1.200 homens. Para comandá-la, o rei escolheu Pedro Álvares Cabral, fidalgo de uma das mais tradicionais famílias portuguesas.
> Cabral partiu de Lisboa no dia 09 de Março de 1500. Em 22 de abril, tendo-se afastado, para oeste, da rota estabelecida por Vasco da Gama, avistou terra.[246]

À época, como lembra Wainer, "vigoravam em Portugal as Ordenações Afonsinas, primeiro código legal europeu, cujo trabalho de compilação foi concluído no ano de 1446".[247] É interessante notar que, no aspecto ambiental, a legislação lusitana era, de certo modo, vanguardista e demonstrava uma preocupação difícil de ser vista em outros ordenamentos, a exemplo da preocupação com a falta de alimentos, em especial os cereais, havendo proibição expressa de que a farinha e o pão fossem transportados para fora do reino.[248]

Essas ordenações previam, ainda, a proibição do corte arbitrário de árvores frutíferas, como lembra Wainer:

> Ainda, um dispositivo ambiental bastante evoluído, até mesmo nos dias atuais, era a proibição do corte deliberado de árvores frutíferas. Interessante notar que a lei ordenada por D. Afonso V tipifica o corte de árvores de fruto como crime de injúria ao rei, tamanha a preocupação com as madeiras.[249]

Em 1521, iniciou-se o período das Ordenações Manuelinas, cujo conteúdo incorporou a maioria dos dispositivos anteriores, mas trouxe, todavia, relevantes novidades, sobretudo no que diz respeito à proteção da fauna, restringindo, por exemplo, a caça de determinados

---

[246] FERREIRA, Olavo Leonel. *História do Brasil.* 17. ed. São Paulo: Ática, 1995. p. 26-27.
[247] WAINER, Ann Helen. Legislação ambiental brasileira: evolução histórica do direito ambiental. *Revista de informação legislativa,* v. 30, n. 118, p. 191-206, abr./jun. 1993, p. 192.
[248] WAINER, Ann Helen. Legislação ambiental brasileira: evolução histórica do direito ambiental. *Revista de informação legislativa,* v. 30, n. 118, p. 191-206, abr./jun. 1993, p. 193.
[249] WAINER, Ann Helen. Legislação ambiental brasileira: evolução histórica do direito ambiental. *Revista de informação legislativa,* v. 30, n. 118, p. 191-206, abr./jun. 1993, p. 193.

animais, e protegendo, de modo especial, alguns outros.[250] A exemplo, interessante o seguinte trecho:

> Defendemos geeralmente em todos noffosReynos, que peffoa algua nom mate, nem cace perdizes, lebres, nem coelhos com bois, nem com fios d'arame, nem com outros alguus fios, nem tome ninhuusouos das perdizes, fob pena de quem o contrairo fezer paguar da cadeadous mil reaes por cada niffo for achado, ou lhe for prouado dentro de dous mefes, e mais perder as armadilhas forem achadas ora fejam fuás, ou alheas.
>
> E bem assi defendemos em todos noffosReynos, nos mefes de Março, Abril, e Mayo, pefloa algua nom mate, nem cace coelhos, nem láparos com caes, nem com beeftas, nem ao piado, nem com foram, nem redes, nem com outra ninhua armadilha, com que os poffam matar, auendo refpeito a nefte tempo feer fuá criaçam, e fenelle os mataffemfe perderia; fob pena de quem o contrairo fezer, por cada vez que for achado caçando, ou fe lhe prouar dentro de três mefes que caçou, ou matou os ditos coelhos em cada huu dos ditos tresmefes, paguar mil reaes, e mais perder os caes, e foram, e beefta, e todas armadilhas com que affi matar, ou caçar os ditos coelhos.[251]

Também as Ordenações Filipinas, que vieram substituir as Manuelinas, possuíam previsões sobre o meio ambiente, estabelecendo, por exemplo, penas severas para quem cortasse árvores frutíferas, como lembra Alexandre de Moraes:

> [...] inclusive nas Ordenações Filipinas que previam no Livro Quinto, Título LXXV, pena gravíssima ao agente que cortasse árvore ou fruto, sujeitando-o ao açoite e ao degredo para a África por quatro anos, se o dano fosse mínimo, caso contrário, o degredo seria para sempre.[252]

Em 1605, outro diploma normativo, denominado Regimento do Pau-Brasil, estabeleceu restrições ao corte da principal madeira brasileira em termos econômicos. Em seu parágrafo primeiro, assim versava:

> Parágrafo 1º. Primeiramente hei por bem, e mando, que nenhuma pessoa possa cortar, nem mandar cortar o dito páo brasil, por si, ou seus

---

[250] As abelhas, a título de exemplificação, eram protegidas de modo especial, em razão do mel. É o que se via, por exemplo, no Livro V, Titulo XCVII, das Ordenações Manuelinas. LEMOS, André Fagundes; BIZAWU, Kiwonghi. *Evolução histórico-jurídica do meio ambiente no Brasil*: uma análise interpretativa da sistematização e codificação do direito ambiental. Disponível em: <http://www.publicadireito.com.br/artigos/?cod=d7c3f8dee9f1ce4c>.

[251] BRASIL. Ordenações Manuelinas, Livro V, Título LXXXIV. Disponível em: <http://www1.ci.uc.pt/ihti/proj/manuelinas/l5ind.htm>.

[252] MORAES, Alexandre. *Direito constitucional*. 12 ed. São Paulo: Atlas, 2002, p. 678.

escravos ou Feitores seus, sem expressa licença, ou escrito do Provedor mór de Minha Fazenda, de cada uma das Capitanias, em cujo destricto estiver a mata, em que se houver de cortar; e o que o contrário fizer encorrerá em pena de morte e confiscação de toda sua fazenda.[253]

As penas sofriam gradações conforme a quantidade de madeira extraída sem autorização, como deixa claro o parágrafo quarto:

Parágrafo 4º. E toda a pessoa, que tomar mais quantidade de páo de que lhe fôr dada licença, além de o perder para Minha Fazenda, se o mais que cortar passar de dez quintaes, incorrerá em pena de cem cruzados, e se passar de cincoenta quintaes, sendo peão, será açoutado, e degradado por des annos para Angola, e passando de cem quintaes morrerá por elle, e perderá toda sua fazenda.[254]

Vê-se, assim, que já na fase colonial existiam, no Brasil, legislações versando sobre questões ambientais. Todavia, tratava-se de diplomas isolados e que, na realidade, não consideravam o ambiente sequer como um objeto autônomo de direitos, mas sempre relacionado a direitos de cunho patrimonial dos indivíduos e da Coroa. Alguns recursos naturais, por seu valor econômico, recebiam uma tutela específica, enquanto os demais eram irrelevantes para o Direito.[255]

3.2.2 Do Império

Durante o período imperial foi intensa a devastação do meio ambiente em solo brasileiro. Florestas foram derrubadas para dar espaço à cana-de-açúcar, sendo este período responsável por uma grande degradação ambiental, sobretudo pela forma rudimentar de exploração.[256] Findo o regime das sesmarias, a mera ocupação da terra

---

[253] BRASIL. *Regimento do Pau-Brasil*, de 12 de dezembro de 1605.
[254] BRASIL. *Regimento do Pau-Brasil*, de 12 de dezembro de 1605.
[255] Como diz Magalhães: "Tanto no Brasil como nos demais países do mundo, a situação era a mesma. Protegiam-se os recursos naturais por motivos de ordem econômica. A pressão sobre as florestas era grande em razão do alto consumo de madeira como combustível e outras utilidades. Isto vinha provocando escassez e fazendo os preços subirem verticalmente. Era preciso, pois, fazer alguma coisa. Por essa razão, os países europeus passaram a editar medidas protetoras". MAGALHÃES, Juraci Perez. *A evolução do direito ambiental no Brasil*. 2. ed. São Paulo: Juarez de Oliveira, 2002, p. 25.
[256] LEMOS, André Fagundes; BIZAWU, Kiwonghi. *Evolução histórico-jurídica do meio ambiente no Brasil*: uma análise interpretativa da sistematização e codificação do direito ambiental. Disponível em: <http://www.publicadireito.com.br/artigos/?cod=d7c3f8dee9f1ce4c>.

era capaz de gerar a posse, o que aumentou a exploração dos recursos naturais. Lembra Magalhães:

> Evidentemente, a proliferação de pequenas posses foi também um fator de destruição dos recursos naturais. Isto porque no período em que ficamos sem legislação fundiária (1822/1850) o pequeno posseiro se valia do fogo para limpar sua área e caracterizar sua ocupação com a cultura efetiva e morada habitual.[257]

A situação se agravava pelo fato de a Constituição Imperial, de 25 de março de 1824, ser silente em relação à proteção ambiental, representando um verdadeiro descompasso em relação à legislação ordinária.[258] Por tal razão, foi editada legislação com o fito de evitar a degradação ambiental, inibindo queimadas e outros mecanismos predatórios, tornando-os inidôneos para fins de configuração de posse. É o que se vê no artigo 6º, da Lei nº 601, de 18 de setembro de 1850:

> Art. 6º Não se haverá por principio do cultura para a revalidação das sesmarias ou outras concessões do Governo, nem para a legitimação de qualquer posse, os simples roçados, derribadas ou queimas de mattos ou campos, levantamentos de ranchos e outros actos de semelhante natureza, não sendo acompanhados da cultura effectiva e morada habitual exigidas no artigo antecedente.[259]

Ainda, já próximo ao final do período imperial, na década de 1870, Dom Pedro II inicia importante projeto de reflorestamento da floresta da Tijuca, degradada pela exploração descontrolada.[260] Percebe-se,

---

[257] MAGALHÃES, Juraci Perez. *A evolução do direito ambiental no Brasil*. 2. ed. São Paulo: Juarez de Oliveira, 2002, p. 33.

[258] Na tentativa de encontrar algum vestígio de preocupação ambiental na Carta, alguns autores apontam o seu artigo 179, inciso XXIV, que condicionava a atividade econômica à saúde dos cidadãos, com a seguinte redação: "XXIV. Nenhum genero de trabalho, de cultura, industria, ou commercio póde ser prohibido, uma vez que não se opponha aos costumes publicos, á segurança, e saude dos Cidadãos". *Constituição Política do Império do Brazil*, de 25 de março de 1824. Disponível em: <http://www.planalto.gov.br/ccivil_03/Constituicao/Constituicao24.htm>. Nesse sentido, afirma Magalhães: "Era esse o quadro quando surgiu a nossa primeira Constituição, em 1824. Apesar dessa realidade, nossos constituintes nada dispuseram sobre a proteção ambiental. Apenas uma leve referência à proteção da saúde (art.179, XXIV). Proibia qualquer trabalho, cultura, indústria e comércio que afetassem esta. No entanto, o legislador ordinário continuava atento à defesa ambiental". MAGALHÃES, Juraci Perez. *A evolução do direito ambiental no Brasil*. 2. ed. São Paulo: Juarez de Oliveira, 2002, p. 34.

[259] BRASIL. Lei nº 601, de 18 de setembro de 1850.

[260] Disponível em: <http://www.rbma.org.br/rbma/pdf/11_Parque%20Nacional%20da%20Tijuca.pdf>.

dessa feita, que a degradação ambiental provocada no período levou à necessidade de se aumentar a tutela do meio ambiente, o que, como se verá, será desenvolvido em grande intensidade a partir do início da República.

3.2.3 Da República

Foi no período republicano que houve o maior desenvolvimento da legislação ambiental brasileira, com o surgimento de diversos diplomas normativos de relevo na tutela da questão ambiental, em que pese a primeira Constituição republicana, de 1891, ter repetido a omissão vista na Carta imperial.[261] Em 1911, por meio do Decreto nº 8.843, de 26 de julho de 1911, surge a primeira reserva florestal de nosso país, *in verbis*:

> Art. 1º Fica creada no Territorio do Acre e collocada sob a jurisdicção do Ministerio da Agricultura, Industria e Commercio, a reserva florestal, com os seguintes caracteristicos:
>
> I. Uma faixa de 40 kilometros de largura média, tendo para a divisoria de aguas entre o rio Acre e o rio Purús, a começar cerca do parallelo de 11º, seguindo rumo médio para nordeste, até terminar na obriqua Beni-Javary, devendo comprehender quanto possivel as vertentes do Alto-Acre e seus affluentes Xapury e Antimary, bem como as cabeceiras tributarias pela margem direita do rio Yáco.
>
> II. Uma faixa de 20 kilometros de largura média, tendo para eixo a divisoria de aguas entre o Purús e o rio Embira, affluentes do Juruá. Esta faixa começa no parallelo de Caty (9º 40' 21", 5, segundo a commissão brazileira-peruana de 1904-1905) e procurará abranger quanto possivel as cabeceiras do Yamináuas e do Alto-Embira, e seguir mais ou menos o nordeste, envolvendo as cabeceiras do Jurupary até encontrar obliqua geodesica Beni-Javary.
>
> III. Uma área central no departamento do Alto Juruá, de onde manam divergentes cabeceiras de alguns affluentes para a margem direita desse rio, com as seguintes limitações approximadas: desce pelo rio Catuquina desde a cabeceira até a barra do Iguapé Pupú, segue a nordeste parallela ao curso do rio Tarauacá, envolvendo cabeceiras dos seus affluentes da esquerda, toma para noroeste comprehendendo cabeceiras do rio Acuráua e dos rios Gregorios e Liberdade, volta a sudoeste para comprehender as cabeceiras do Amoácas e desce a sul, envolvendo as cabeceiras do rio Tejo e terminando na nascente do Catuquina.
>
> IV. Uma faixa de 20 kilometros de largura média, comprehendendo as vertentes mais occidentaes dos affluentes do rio Juruá, cuja orla extrema

---

[261] BRASIL. *Constituição da República dos Estados Unidos do Brasil*, de 24 de fevereiro de 1891.

para oeste será na linha fronteiriça divisoria das aguas do Ucayali. Começando na nascente mais meridional do Javary, a faixa sinuosa estende-se para sul e para sudoeste o que vae até ás cabeceiras do rio Amonea, terminando no parallelo que passa pela barra do rio Brêo, affluente pela margem direita do Juruá.

Paragrapho unico. Quando houver conhecimentos topographicos mais completos, o Governo poderá estender ou modificar os caracteristicos enumerados neste artigo.

Art. 2º É vedada a entrada nas áreas da reserva florestal e nellas prohibidaa extracção de madeiras ou de quaesquer productos florestaes, bem assim o exercicio da caça e da pesca.

Paragrapho unico. Havendo através das áreas reservadas caminhos que communiquem povoados importantes, por elles será permittidoo simples transito.[262]

Em seguida, no ano de 1916, foi editado o Código Civil, que, apesar de não versar, expressamente, sobre as questões ambientais, possuía disposições esparsas que denotavam uma preocupação pontual com determinados temas afetos à natureza, como se vê em seu artigo 584, que previa a proibição da poluição das águas, bem como no artigo 586, que dispunha sobre a punição e responsabilização daquele que violasse a norma. Transcreve-se:

Art. 584. São proibidas construções capazes de poluir, ou inutilizar para o uso ordinário a água de poço ou fonte alheia, a elas preexistente. [...]
Art. 586. Todo aquele que violar as disposições dos arts. 580 e seguintes é obrigado a demolir as construções feitas, respondendo por perdas e danos.[263]

Sobre o Códex, versa Wainer:

O Código Civil, até pela data de sua edição, quando a expressão "ecologia" – criada por E. Haeckel, em 1866 – tinha apenas algumas décadas, não trata de forma expressa as questões ambientais. Contudo, os arts. 554 e 555, na seção relativa aos Direitos de vizinhança, reprimem o uso nocivo da propriedade. O proprietário ou inquilino de um prédio pode impedir que o mau uso da propriedade vizinha prejudique a segurança, o sossego e a saúde. Também é assegurado ao proprietário, através do

---

[262] BRASIL. Decreto nº 8.843, de 26 de julho de 1911.
[263] BRASIL. Código Civil, de 1º de janeiro de 1916.

art. 555, o direito de exigir do dono do prédio vizinho a demolição ou reparação necessária, quando a construção estiver ameaçada de ruir.[264]

Em 1934, o Código de Águas[265] e o Código Florestal[266] reforçaram a proteção legislativa da natureza, seguidos pela Constituição da República Federativa do Brasil de 1934, que, suprindo a deficiência de suas predecessoras, trouxe em seu bojo dispositivos capazes de denotar, ao menos, um início de preocupação com a questão ambiental, como é possível depreender, por exemplo, de seu artigo 10, inciso III, ao dispor sobre a proteção das belezas naturais:

> Art. 10. Compete concorrentemente à União e aos Estados:
> III - proteger as belezas naturais e os monumentos de valor histórico ou artístico, podendo impedir a evasão de obras de arte;[267]

A Constituição dos Estados Unidos do Brasil de 1937, a seu turno, conferiu especial proteção a determinados locais, entre eles as "paisagens" e os "particularmente dotados pela natureza", elevando-os ao *status* de patrimônio nacional, para fins de punição daqueles que o violassem, como expressava seu artigo 134:

> Art. 134. Os monumentos históricos, artísticos e naturais, assim como as paisagens ou os locais particularmente dotados pela natureza, gozam da proteção e dos cuidados especiais da Nação, dos Estados e dos Municípios. Os atentados contra eles cometidos serão equiparados aos cometidos contra o patrimônio nacional.[268]

Do mesmo modo a Carta da redemocratização (Constituição dos Estados Unidos do Brasil) de 1946 atentou-se para a questão ambiental, a exemplo de seu artigo 175:

> Art. 175. As obras, monumentos e documentos de valor histórico e artístico, bem como os monumentos naturais, as paisagens e os locais dotados de particular beleza ficam sob a proteção do Poder Público.[269]

---

[264] BRASIL. WAINER, Ann Helen. Legislação ambiental brasileira: evolução histórica do direito ambiental. *Revista de informação legislativa*, v. 30, n. 118, p. 191-206, abr./jun. 1993, p. 204.
[265] BRASIL. *Decreto nº 24.643*, de 10 de julho de 1934.
[266] BRASIL. *Decreto nº 23.793*, de 23 de janeiro de 1934.
[267] BRASIL. *Constituição da República dos Estados Unidos do Brasil*.
[268] BRASIL. *Constituição dos Estados Unidos do Brasil*, de 10 de novembro de 1937.
[269] BRASIL. *Constituição dos Estados Unidos do Brasil*, de 18 de setembro de 1946.

Essa Lei trouxe, ainda, importante previsão em seu artigo 141, §16, que possibilitava a desapropriação por interesse social, conceito posteriormente desenvolvido pela Lei nº 4.132/62, a qual englobava, dentro de seu conteúdo, a proteção do ambiente, como se vê em seu artigo 2º, inciso VII. Eis as redações de ambos os dispositivos, respectivamente:

Art. 141. A Constituição assegura aos brasileiros e aos estrangeiros residentes no País a inviolabilidade dos direitos concernentes à vida, à liberdade, a segurança individual e à propriedade, nos termos seguintes: [...]
§16. É garantido o direito de propriedade, salvo o caso de desapropriação por necessidade ou utilidade pública, ou por interêsse social, mediante prévia e justa indenização em dinheiro, com a exceção prevista no §1º do art. 147. Em caso de perigo iminente, como guerra ou comoção intestina, as autoridades competentes poderão usar da propriedade particular, se assim o exigir o bem público, ficando, todavia, assegurado o direito a indenização ulterior.[270]

Art. 2º Considera-se de interesse social: [...]
VII - a proteção do solo e a preservação de cursos e mananciais de água e de reservas florestais.[271]

A Constituição da República Federativa do Brasil de 1967 manteve a preocupação com o meio ambiente vinculando-o à questão cultural,[272] como se extrai de seu artigo 172, parágrafo único:

Art. 172. O amparo à cultura é dever do Estado.
Parágrafo único. Ficam sob a proteção especial do Poder Público os documentos, as obras e os locais de valor histórico ou artístico, os monumentos e as paisagens naturais notáveis, bem como as jazidas arqueológicas.[273]

Em sequência, no ano de 1964, a Lei nº 4.504, de 30 de novembro de 1964, instituidora do Estatuto da Terra, trouxe consigo o importante conceito da função social da propriedade, passando a limitar, restringir e condicionar o exercício de tal direito, como se vê em seu artigo 2º:

---

[270] BRASIL. *Constituição dos Estados Unidos do Brasil*, de 18 de setembro de 1946.
[271] BRASIL. *Lei nº 4.132*, de 10 de setembro de 1962.
[272] MOREIRA NETO, Diogo de Figueiredo. Política agrícola e fundiária e ecologia. *Revista Forense*, v. 317, 1992, p. 74.
[273] BRASIL. *Constituição da República Federativa do Brasil*, de 24 de janeiro de 1967.

Art. 2º É assegurada a todos a oportunidade de acesso à propriedade da terra, condicionada pela sua função social, na forma prevista nesta Lei.

§1º A propriedade da terra desempenha integralmente a sua função social quando, simultaneamente:
a) favorece o bem-estar dos proprietários e dos trabalhadores que nela labutam, assim como de suas famílias;
b) mantém níveis satisfatórios de produtividade;
c) assegura a conservação dos recursos naturais;
d) observa as disposições legais que regulam as justas relações de trabalho entre os que a possuem e a cultivem.[274]

Importante destacar a alínea "c", que, expressa e claramente, passou a fazer com que o direito de propriedade, tradicionalmente tido por absoluto, fosse condicionado pela preservação dos recursos naturais, fazendo nascer a ideia de uma propriedade sustentável.

Um ano depois, em 1965, emergiu um novo Código Florestal, que acabou por ampliar a proteção ambiental, por meio, por exemplo, das áreas de proteção permanente, conforme disposto em seu artigo 1º, §2º, inciso II:

Art. 1º As florestas existentes no território nacional e as demais formas de vegetação, reconhecidas de utilidade às terras que revestem, são bens de interesse comum a todos os habitantes do País, exercendo-se os direitos de propriedade, com as limitações que a legislação em geral e especialmente esta Lei estabelecem.

II - área de preservação permanente: área protegida nos termos dos arts. 2º e 3º desta Lei, coberta ou não por vegetação nativa, com a função ambiental de preservar os recursos hídricos, a paisagem, a estabilidade geológica, a biodiversidade, o fluxo gênico de fauna e flora, proteger o solo e assegurar o bem-estar das populações humanas.[275]

Sucessivamente, nasceram importantes normas, como a Lei nº 5.197, de 03 de janeiro de 1967 (Lei de Proteção à Fauna);[276] o Decreto-Lei

---

[274] BRASIL. *Lei nº 4.504*, de 30 de novembro de 1964.
[275] BRASIL. *Lei nº 4.771*, de 15 de setembro de 1965.
[276] Importante perceber, porém, que, apesar de conferir maior proteção, a Lei expressamente considera os animais como objetos, como propriedade do Estado, o que se vê logo em seu artigo 1º: Os animais de quaisquer espécies, em qualquer fase do seu desenvolvimento e que vivem naturalmente fora do cativeiro, constituindo a fauna silvestre, bem como seus ninhos, abrigos e criadouros naturais são propriedades do Estado, sendo proibida a sua utilização, perseguição, destruição, caça ou apanha. BRASIL. *Lei nº 5.197*, de 03 de janeiro de 1967.

nº 221, de 28 de fevereiro de 1967 (Código de Pesca);[277] e o Decreto-Lei nº 227, de 28 de fevereiro de 1967 (Código de Mineração),[278] todos eles atinentes à questão ambiental. A Emenda Constitucional nº 1, de 17 de outubro 1969, tida por muitos como uma nova Constituição,[279] também dispôs sobre o meio ambiente, condicionando o uso da terra ao seu bom aproveitamento, como dito em seu artigo 172:

> Art. 172. A lei regulará, mediante prévio levantamento ecológico, o aproveitamento agrícola de terras sujeitas a intempéries e calamidades. O mau uso da terra impedirá o proprietário de receber incentivos e auxílios do Govêrno.[280]

Em 1975, o Decreto-Lei nº 1.413, de 14 de agosto de 1975, ao dispor sobre a necessidade de controle da poluição infligida ao meio ambiente pela atividade industrial, passou a estabelecer como obrigação das empresas o reparo ambiental, bem como a adoção de medidas profiláticas, dispondo, em seu artigo 1º, que: "As indústrias instaladas ou a se instalarem em território nacional são obrigadas a promover as medidas necessárias a prevenir ou corrigir os inconvenientes e prejuízos da poluição e da contaminação do meio ambiente".[281]

Já no final da década de 70, no calor da Guerra Fria, a Lei nº 6.453/77 passou a tratar das responsabilidades cível e criminal em casos envolvendo danos nucleares, prevendo, inclusive, a responsabilidade objetiva[282] do operador da instalação nuclear, como se vê em seu artigo 4º:

> Art. 4º Será exclusiva do operador da instalação nuclear, nos termos desta Lei, independentemente da existência de culpa, a responsabilidade civil pela reparação de dano nuclear causado por acidente nuclear:[283]

---

[277] BRASIL. *Decreto-Lei nº 221*, de 28 de fevereiro de 1967.
[278] BRASIL. *Decreto-Lei nº 227*, de 28 de fevereiro de 1967.
[279] Afinal, segundo a própria ementa, foi ela responsável por editar "o novo texto da Constituição Federal, de 24 de janeiro de 1967".
[280] BRASIL. *Emenda Constitucional nº 1*, de 17 de outubro de 1969.
[281] BRASIL. *Decreto-Lei nº 1.413*, de 14 de agosto de 1975.
[282] Em franca postura de evolução, a Constituição Federal de 1988, em seu artigo 21, inciso XXIII, alínea "b", foi além para estabelecer uma responsabilidade fundada na teoria do risco integral e que, portanto, não se vê restrita sequer pelas clássicas causas excludentes de responsabilidade, como caso fortuito, força maior ou culpa exclusiva de terceiros. Nesse sentido: CAVALIERI FILHO, Sérgio. *Programa de responsabilidade civil*. 6. ed. São Paulo: Malheiros, 2006, p. 40.
[283] BRASIL. *Lei nº 6.453*, de 17 de outubro de 1977.

Na sequência, a Lei nº 6.938, de 31 de agosto de 1981, criou a Política Nacional do Meio Ambiente e o Sistema Nacional do Meio Ambiente, atuando como um verdadeiro divisor de águas na proteção do ambiente no Brasil. Tal Política é, segundo a doutrina:

> O conjunto de metas e mecanismos que visam a reduzir os impactos negativos da ação antrópica – aqueles resultantes da ação humana – sobre o meio ambiente. Como toda política, possui justificativa para sua existência, fundamentação teórica, metas e instrumentos, e prevê penalidades para aqueles que não cumprem as normas estabelecidas. Interfere nas atividades dos agentes econômicos e, portanto, a maneira pela qual é estabelecida influencia as demais políticas públicas, inclusive as políticas industriais e de comércio exterior.[284]

Não se abandonou, todavia, a visão antropocêntrica, uma vez que a defesa do meio ambiente continua estritamente vinculada aos interesses do ser humano, como deixa claro o artigo 2º do diploma legislativo, *in verbis*:

> Art. 2º A Política Nacional do Meio Ambiente tem por objetivo a preservação, melhoria e recuperação da qualidade ambiental propícia à vida, visando assegurar, no País, condições ao desenvolvimento sócio-econômico, aos interesses da segurança nacional e à proteção da dignidade da vida humana, atendidos os seguintes princípios:[285]

Frise-se: a proteção da questão ambiental é realizada para preservar a dignidade da vida humana, não havendo que se falar, portanto, no reconhecimento de um valor intrínseco à natureza.

Mas, evidentemente, de pouco vale prever direitos sem instituir garantias, ou seja, sem a previsão de meios processuais capazes de prevenir e reparar as violações cometidas. Nesse esteio, em 24 de julho de 1985, é editada a Lei nº 7.347, responsável por disciplinar a ação civil pública a ser manejada diante da violação de determinados bens jurídicos, entre eles o meio ambiente.[286] Apesar das alterações

---

[284] LUSTOSA, Maria Cecília Junqueira; CANÉPA, Eugênio Miguel; YOUNG, Carlos Eduardo Frickmann. Política ambiental. In: MAY, Peter H.; LUSTOSA, Maria Cecília Junqueira; VINHA, Valéria da (Org.). *Economia do meio ambiente*: teoria e prática. Rio de Janeiro, Elsevier, 2003, p. 135.

[285] BRASIL. Lei nº 6.938, de 31 de agosto de 1981.

[286] Sobre a importância da ação civil pública como instrumento de tutela ambiental, ver: FERREIRA, Heline Sivini. Os instrumentos jurisdicionais ambientais na Constituição brasileira. In: CANOTILHO, J. J. Gomes; LEITE, José Rubens Morato (Org.). *Direito constitucional ambiental brasileiro*. 6. ed. São Paulo: Saraiva, 2015, p. 361-411. Como lembra a

legislativas sofridas ao longo dos anos, na redação original da norma já se encontrava o ambiente como bem por ela tutelado. Transcreve-se:

> Art. 1º Regem-se pelas disposições desta Lei, sem prejuízo da ação popular, as ações de responsabilidade por danos morais e patrimoniais causados:
> l - ao meio ambiente;[287]

Em 05 de outubro de 1988, é promulgada a Constituição Cidadã, que, revolucionária em diversos aspectos, não deixou de sê-lo também em relação à questão ambiental. Foi ela, na história constitucional brasileira, a primeira a dedicar um capítulo exclusivo ao tratamento do meio ambiente.

3.3 A natureza na Constituição Federal de 1988

Passa-se, então, a verificar como a Constituição de 1988, que, segundo José Afonso da Silva, é "eminentemente ambientalista",[288] cuida do meio ambiente, com enfoque nas principais diferenças de tratamento por ela conferidos ao tema. Sobre o reconhecimento promovido pela Constituição, aduz Benjamin:

> A riqueza de "terra e arvoredos", que surpreendeu e, possivelmente, encantou Pero Vaz de Caminha em 1500, finalmente foi reconhecida pela Constituição brasileira de 1988, passados 488 anos da chegada dos portugueses ao Brasil.[289]

Ainda, sobre as novidades trazidas pela Carta, em especial a mudança de concepção sobre o meio ambiente, consigna Benjamin:

---

autora, a Lei nº 7.347/85 foi um divisor de águas, pois, "Antes de sua publicação, a defesa do meio ambiente estava restrita às ações individuais e à atividade administrativa do Poder Público no exercício do poder de polícia".

[287] Originalmente, o *caput* do artigo possuía a seguinte redação: "Art. 1º Regem-se pelas disposições desta Lei, sem prejuízo da ação popular, as ações de responsabilidade por danos causados". BRASIL. Lei nº 7.347, de 24 de julho de 1985.

[288] SILVA, José Afonso da. Fundamentos constitucionais da proteção ambiental. In: MARQUES, Cláudia Lima; MEDAUAR, Odete; SILVA, Solange Teles da (Org.). *O novo direito administrativo, ambiental e urbanístico*: estudos em homenagem à Jacqueline Morand-Deviller. São Paulo: Revista dos Tribunais, 2010, p. 111.

[289] BENJAMIN, Antônio Herman. Constitucionalização do ambiente e ecologização da Constituição brasileira. In: CANOTILHO, J. J. Gomes; LEITE, José Rubens Morato (Org.). *Direito constitucional ambiental brasileiro*. 6. ed. São Paulo: Saraiva, 2015, p. 83.

Fugindo do modelo de suas antecessoras, a Constituição de 1988 não expressou uma visão cornucopiana do mundo – os recursos ambientais já não são vistos como abundantes e, muito menos, infinitos. Talvez, aqui, esteja uma de suas razões principais para o reconhecimento constitucional e a autonomização jurídica do meio ambiente *per se*, atrás referidos. Antes, o meio ambiente não era tutelado, ou, se o era, não o era adequadamente ou para valer, exatamente porque a lógica do sistema jurídico alicerçava-se na falsa premissa da inesgotabilidade dos recursos naturais, totalmente negada pela poluição dos rios, do ar e do solo, e pela destruição acelerada da rica biodiversidade do país.[290]

Ver-se-á que o constituinte de 88 optou pela adoção de uma visão holística da natureza, em detrimento do tratamento fragmentário até então conferido pela legislação nacional; ainda, será demonstrado que o meio ambiente foi alçado à condição de direito fundamental (ainda que humano), merecedor, portanto, de uma proteção especial por parte da Carta; e também se demonstrará a visão intergeracional adotada pela Constituição.

3.3.1 A visão holística da Carta de Outubro

Na esteira da crise ambiental que, em escala global, intensificou-se a partir da segunda metade do século XX, sobretudo após a Segunda Grande Guerra,[291] a Constituição Federal de 1988 surge como um divisor de águas na proteção do meio ambiente no Brasil. Como ensina Eros Grau, a Carta:

> [...] dá vigorosa resposta às correntes que propõem a exploração predatória dos recursos naturais, abroqueladas sobre o argumento, obscurantista, segundo o qual as preocupações com a defesa do meio ambiente envolvem proposta de retorno à barbárie.[292]

Impossível, entretanto, analisar como a Constituição é inovadora sem antes transcrever o *caput* de seu artigo 225, que inaugura o Capítulo VI, presente no Título VIII e inteiramente dedicado ao meio

---

[290] BENJAMIN, Antônio Herman. Constitucionalização do ambiente e ecologização da Constituição brasileira. In: CANOTILHO, J. J. Gomes; LEITE, José Rubens Morato (Org.). *Direito constitucional ambiental brasileiro*. 6. ed. São Paulo: Saraiva, 2015, p. 135.
[291] MCNEILL, John Robert. *Something new under the sun: an environmental history of the twentieth-century world*, W.W. Norton, 2001.
[292] GRAU, Eros Roberto. *A ordem econômica na Constituição de 1988*. 5. ed. São Paulo: Revista dos Tribunais, 2000, p. 255.

ambiente. Segundo José Afonso da Silva, esse Capítulo "é um dos mais importantes e avançados da Constituição de 1988".[293] *In verbis*:

> Art. 225. Todos têm direito ao meio ambiente ecologicamente equilibrado, bem de uso comum do povo e essencial à sadia qualidade de vida, impondo-se ao Poder Público e à coletividade o dever de defendê-lo e preservá-lo para as presentes e futuras gerações.[294]

Pela primeira vez na história constitucional brasileira, o meio ambiente foi alçado ao patamar de bem jurídico autônomo, desvinculando-se das concepções anteriores, que sempre o atrelavam a outros direitos como a cultura, a educação e a saúde.[295] A natureza passa a ser vista como um sistema, ou seja, holisticamente, e não mais de modo fragmentário e esparso, como era até então. Conforme ensina Benjamin:

> Ao abraçar essa concepção holística e juridicamente autônoma do meio ambiente, o constituinte de 1988 distancia-se de modelos anteriores, praticamente fazendo meia-volta, especialmente ao admitir que:
> - o meio ambiente dispõe de todos os atributos requeridos para o reconhecimento jurídico expresso, no patamar constitucional;
> - tal reconhecimento e amparo se dá por meio de uma percepção ampliada e holística, isto é, parte-se do todo (= biosfera) para se chegar aos elementos;[296] [...]

Esse é o ponto nevrálgico da mudança de perspectiva levada a efeito pelo constituinte de 1988. Como visto em linhas pretéritas, em que pese a existência, antes da Carta de Outubro, de diversas normas esparsas, constitucionais e infraconstitucionais, tratando de temas ambientais, a tutela era, quando muito, fragmentária, protegendo apenas determinados aspectos do meio ambiente, notadamente aqueles dotados de caráter econômico.

---

[293] SILVA, José Afonso da. *Curso de direito constitucional positivo*. 23. ed. São Paulo: Malheiros, 2004, p. 825.

[294] *Constituição da República Federativa do Brasil*, de 05 de outubro de 1988.

[295] Como bem lembra Feldmann: "Nas Constituições anteriores, as normas ambientais eram incipientes, restringindo-se a dispositivos de defesa e proteção à saúde ou eventual menção à preservação do patrimônio histórico e função social da propriedade". FELDMANN, Fábio José; CAMINO, Maria Ester Mena Barret. O direito ambiental: da teoria à prática. *Revista Forense*, v. 317, 1992, p. 95.

[296] BENJAMIN, Antônio Herman. Constitucionalização do ambiente e ecologização da Constituição brasileira. In: CANOTILHO, J. J. Gomes; LEITE, José Rubens Morato (Org.). *Direito constitucional ambiental brasileiro*. 6. ed. São Paulo: Saraiva, 2015, p. 110.

Basta constatar que os componentes ambientais naturais (recursos naturais) eram resguardados por normais distintas, que sequer eram integradas. Daí a existência de um Código para tratar da água; outro para tratar das florestas; um terceiro para cuidar da fauna; um quarto, preocupado com a atividade pesqueira; um quinto, com foco nas riquezas minerais; entre outros já elencados em tópicos passados. A Constituição de 1988, em franca concepção holística, abarca todos os aspectos ambientais sob a égide da expressão "meio ambiente", torna-os um só e reconhece as suas inter-relações, dando um passo importante rumo à adoção de um Estado Constitucional Ecológico brasileiro, que, nos dizeres de Canotilho:

[...] pressupõe uma concepção integrada ou integrativa do ambiente e, consequentemente, um direito integrado e integrativo do ambiente. Embora não seja ainda muito claro o conceito de direito integrado do ambiente (o conceito aparece sobretudo na avaliação integrada de impacto ambiental), ele aponta para a necessidade de uma protecção global e sistemática que não se reduza à defesa isolada dos componentes ambientais naturais (ar, luz, água, solo vivo e subsolo, flora, fauna) ou dos componentes humanos (paisagem, patrimônio natural e construído, poluição). As consequências de uma protecção integrada do ambiente são relevantes sob vários pontos de vista. O bem protegido – o bem ambiente – tem subjacente uma concepção ampla de ambiente que engloba não apenas o conceito de ambiente naturalista, mas o ambiente como o "conjunto dos sistemas físicos, químicos, biológicos e suas relações, e dos factores econômicos, sociais e culturais com efeito directo ou indirecto, mediato ou imediato, sobre os seres vivos e qualidade de vida do Homem (cf. art. 5º da Lei de bases do Ambiente).[297]

O artigo 225 representa, assim, o ápice da concentração da questão ambiental na Constituição, mas é preciso lembrar que diversos outros dispositivos espalhados no corpo da Carta tratam do meio ambiente, como o artigo 186, inciso II,[298] ao cuidar da função social da

---

[297] CANOTILHO, José Joaquim Gomes. Estado constitucional ecológico e democracia sustentada. In: GRAU, Eros Roberto; CUNHA, Sérgio Sérvulo da (Org.). *Estudos de direito constitucional em homenagem a José Afonso da Silva*. São Paulo: Malheiros, 2003, p. 106.

[298] BRASIL. *Constituição da República Federativa do Brasil de 1988*: "Art. 186. A função social é cumprida quando a propriedade rural atende, simultaneamente, segundo critérios e graus de exigência estabelecidos em lei, aos seguintes requisitos: [...] II - utilização adequada dos recursos naturais disponíveis e preservação do meio ambiente".

propriedade rural; e o artigo 129, inciso III,[299] ao dispor sobre a ação civil pública para tutela do meio ambiente.[300]

3.3.2 O meio ambiente enquanto direito fundamental

Prosseguindo na análise do supratranscrito artigo 225, extrai-se que o meio ambiente foi alçado à condição de direito, notadamente de direito fundamental, e, por ter sido integrado a esse privilegiado rol, passou a gozar de especial proteção constitucional. Classificado pela doutrina como direito de terceira geração,[301] o meio ambiente ecologicamente equilibrado passa a conformar a ordem constitucional e infraconstitucional. Sobre as consequências de tal reconhecimento, aduz Benjamin:

> Não são poucas, nem insignificantes, as consequências da concessão de *status* de direito fundamental ao meio ambiente ecologicamente equilibrado. Antes de mais nada, o direito fundamental leva à formulação de um princípio da primariedade do ambiente, no sentido de que a nenhum agente, público ou privado, é lícito tratá-lo como valor subsidiário, acessório, menor ou desprezível.[302]

É necessário perceber que, enquanto direito fundamental, a questão ambiental passa a ser fonte orientadora de todo o ordenamento jurídico, pois, vale lembrar, os direitos fundamentais possuem não somente a clássica dimensão subjetiva,[303] mas também uma dimensão

---

[299] BRASIL. *Constituição da República Federativa do Brasil de 1988*: "Art. 129. São funções institucionais do Ministério Público: [...] III - promover o inquérito civil e a ação civil pública, para a proteção do patrimônio público e social, do meio ambiente e de outros interesses difusos e coletivos".

[300] Como bem lembra Benjamin, o artigo 225 é apenas o ponto de partida, *in verbis*: "Não se pode esquecer, como já referido, que o art. 225 é apenas o ponto de chegada ou ponto mais saliente de uma série de outros dispositivos que, direta ou indiretamente, instituem uma verdadeira malha regulatória que compõe a ordem pública ambiental, baseada nos princípios da primariedade do meio ambiente e da explorabilidade limitada da propriedade, ambos de caráter geral e implícito". BENJAMIN, Antônio Herman. Constitucionalização do ambiente e ecologização da Constituição brasileira. CANOTILHO, J. J. Gomes; LEITE, José Rubens Morato (Org.). *Direito constitucional ambiental brasileiro*. 6. ed. São Paulo: Saraiva, 2015, p. 120.

[301] BONAVIDES, Paulo. *Curso de direito constitucional*. 15. ed. São Paulo: Malheiros, 2004, p. 569.

[302] BENJAMIN, Antônio Herman. Constitucionalização do ambiente e ecologização da Constituição brasileira. CANOTILHO, J. J. Gomes; LEITE, José Rubens Morato (Org.). *Direito constitucional ambiental brasileiro*. 6. ed. São Paulo: Saraiva, 2015, p. 124.

[303] Nos dizeres de Mendes, Coelho e Branco, a dimensão subjetiva é a característica que os direitos fundamentais possuem de "em maior ou menor escala, ensejarem uma pretensão

objetiva.[304] Daí porque o equilíbrio ecológico passa a constituir um verdadeiro valor[305] a ser observado pelos poderes públicos, seja no momento da produção das normas, da atividade judicante ou da execução das políticas de governo, servindo, ainda, como vetor interpretativo,[306] tanto das normas constitucionais quanto do direito infraconstitucional.

Como ensinam Mendes, Coelho e Branco:

A dimensão objetiva resulta do significado dos direitos fundamentais como princípios básicos da ordem constitucional. Os direitos fundamentais participam da essência do Estado de Direito democrático, operando como limite do poder e como diretriz para a sua ação. As constituições democráticas assumem um sistema de valores que os direitos fundamentais revelam e positivam. Esse fenômeno faz com que os direitos fundamentais influam sobre todo o ordenamento jurídico, servindo de norte para a ação de todos os poderes constituídos.[307]

---

a que se adote um dado comportamento ou então essa dimensão se expressa no poder da vontade de produzir efeitos sobre certas relações jurídicas". MENDES, Gilmar Ferreira; COELHO, Inocêncio Mártires; BRANCO, Paulo Gustavo Gonet. *Curso de direito constitucional*. 2. ed. São Paulo: Saraiva, 2008, p. 265.

[304] A doutrina aponta a Alemanha, sobretudo a Lei Fundamental de Bonn, como o berço do desenvolvimento da dimensão jurídico-objetiva dos direitos fundamentais, em especial a partir do julgamento, em 1958, do conhecido caso Luth, no qual a Corte Constitucional alemã decidiu pela irradiação dos efeitos do direito fundamental à liberdade de expressão ao ordenamento como um todo, transcendendo, portanto, seu aspecto meramente subjetivo. Como aduz Sarlet: "Neste contexto, a doutrina e a jurisprudência continuam a evocar a paradigmática e multicitada decisão proferida em 1958 pela Corte Federal Constitucional (*Bundesverfassungsgericht*) da Alemanha no caso Lüth, no qual, além de outros aspectos relevantes, foi dado continuidade a uma tendência já revelada em arestos anteriores, ficando consignado que os direitos fundamentais não se limitam à função precípua de serem direitos subjetivos de defesa do indivíduo contra atos do poder público, mas que, além disso, constituem decisões valorativas de natureza jurídico-objetiva da Constituição, com eficácia em todo o ordenamento jurídico e que fornecem diretrizes para os órgãos legislativos, judiciários e executivos". SARLET, Ingo Wolfgang. *A eficácia dos direitos fundamentais*: uma teoria geral dos direitos fundamentais na perspectiva constitucional. 11. ed. Porto Alegre: Livraria do Advogado, 2012, p. 124-125. Para um maior aprofundamento no *leading case* decidido pela Corte alemã: SCHWABE, Jürgen. *Cinquenta anos de jurisprudência do Tribunal Constitucional Federal alemão*. Tradução de Beatriz Henning, Leonardo Martins, Mariana Bigelli de Carvalho, Tereza Maria de Castro, Vivianne Geraldes Ferreira. Montevidéu: Konrad Adenauer Stiftung, 2005, p. 381-395. Disponível em: <http://biblio.juridicas.unam.mx/libros/libro.htm?l=2241>.

[305] DIMOULIS, Dimitri; MARTINS, Leonardo. *Teoria geral dos direitos fundamentais*. 3. ed. São Paulo: Revista dos Tribunais, 2011, p. 119.

[306] BONAVIDES, Paulo. *Curso de direito constitucional*. 15. ed. São Paulo: Malheiros, 2004, p. 565-568.

[307] MENDES, Gilmar Ferreira; COELHO, Inocêncio Mártires; BRANCO, Paulo Gustavo Gonet. *Curso de direito constitucional*. 2. ed. São Paulo: Saraiva, 2008, p. 266.

Ainda em função de sua fundamentalidade, o meio ambiente é dotado de três importantes prerrogativas: irrenunciabilidade; inalienabilidade; e imprescritibilidade. Irrenunciável porque seus titulares e os poderes públicos não podem deixar de promover a sua tutela, ainda que, dentro de alguns limites, seja possível a transação.[308] Inalienável, uma vez que proibida a sua negociação. E, enfim, imprescritível, caracterizando-se como atemporal, sendo inidônea a sua alienação passiva.[309]

Apesar do avanço na tutela jurídica do meio ambiente, é fácil perceber que a Constituição de 88 não superou o antropocentrismo próprio do pensamento ocidental dominante, pois continuou a tratar a natureza somente como um objeto humano (objeto que, é verdade, merece um cuidado todo especial, mas, ainda assim, um objeto). Nos dizeres de Benjamin:

> A dilatação dos fundamentos éticos da proteção do meio ambiente, traço marcante do Direito Ambiental como visto hoje, ainda não logrou abertamente referendas, no patamar constitucional, o uso dessa técnica de superação do antropocentrismo reducionista; o máximo que se conseguiu foi a adoção de formas mais discretas e diluídas, mas nem por isso menos efetivas, de incorporação de um biocentrismo mitigado [...].[310]

O meio ambiente harmônico continua a ser um direito do homem e, portanto, só existe em razão e em função deste. Não se reconhece um valor intrínseco à natureza, permanecendo o homem como o único fim em si mesmo.

3.3.3 Hans Jonas e a Constituição de 1988

Da leitura do artigo 225 da Constituição Federal de 1988 depreende-se que o meio ambiente deve ser preservado não só para as presentes gerações, mas, em especial, para as futuras, garantindo

---

[308] Benjamin lembra, por exemplo, a possibilidade de celebração de Termo de Ajustamento de Conduta em questões envolvendo violações ao meio ambiente, desde que, todavia, não importe abdicação das obrigações ambientais principais, como o dever de reparação. BENJAMIN, Antônio Herman. Constitucionalização do ambiente e ecologização da Constituição brasileira. In: CANOTILHO, J. J. Gomes; LEITE, José Rubens Morato (Org.). *Direito constitucional ambiental brasileiro*. 6. ed. São Paulo: Saraiva, 2015, p. 125.

[309] BENJAMIN, Antônio Herman. Constitucionalização do ambiente e ecologização da Constituição brasileira. In: CANOTILHO, J. J. Gomes; LEITE, José Rubens Morato (Org.). *Direito constitucional ambiental brasileiro*. 6. ed. São Paulo: Saraiva, 2015, p. 126.

[310] BENJAMIN, Antônio Herman. Constitucionalização do ambiente e ecologização da Constituição brasileira. In: CANOTILHO, J. J. Gomes; LEITE, José Rubens Morato (Org.). *Direito constitucional ambiental brasileiro*. 6. ed. São Paulo: Saraiva, 2015, p. 133.

que todos possam desfrutar da natureza e de seus recursos. Veio o dispositivo constitucional ao encontro da doutrina de Hans Jonas, filósofo alemão responsável por reformular o imperativo categórico de Kant e criador, em consequência, de um novo enunciado, nos seguintes termos: "Aja de modo que os efeitos de tua ação sejam compatíveis com a permanência de uma autêntica vida humana na Terra".[311]

Partindo de tal concepção, a ética deixa de ser orientada somente para as relações presentes, ou seja, deixa de se preocupar apenas com o próximo (com aquele que nos é contemporâneo) e passa a se atentar, também, para o ser distante, para as gerações futuras. Desse modo, o nosso agir deve sempre levar em consideração os efeitos que serão provocados nas futuras gerações. Como diz Jonas:

> Mas o novo imperativo diz que podemos arriscar a nossa própria vida, mas não a da humanidade; que Aquiles tinha, sim, o direito de escolher para si uma vida breve, cheia de atos gloriosos, em vez de uma vida longa em uma segurança sem glórias (sob o pressuposto tácito de que haveria uma posteridade que saberia contar os seus feitos); mas que nós não temos o direito de escolher a não-existência de futuras gerações em função da existência da atual, ou mesmo de as colocar em risco. Não é fácil justificar teoricamente – e talvez, sem religião, seja mesmo impossível – por que não temos esse direito; por que, ao contrário, temos um dever diante daquele que ainda não é nada e que não precisa existir como tal e que, seja como for, na condição de não-existente, não reivindica existência.[312]

Mas, por que se preocupar com aquilo que ainda não existe? Hans Jonas, em sua ética da responsabilidade, vale-se do que denomina de heurística do medo, ou seja, o pressuposto de que os maus prognósticos prevaleçam sobre os bons ou, em outras palavras, que é preciso temer o futuro, de modo que tal temor seja capaz de gerar, nas gerações presentes, o sentimento de precaução, levando, em consequência, a

---

[311] JONAS, Hans. *O princípio da responsabilidade*: ensaio de uma ética para a civilização tecnológica. Tradução de Marijane Lisboa e Luiz Barros Montez. Rio de Janeiro: PUC Rio, 2006, p. 47. Jonas formula três outras redações para o seu imperativo: "Aja de modo que os efeitos da sua ação não sejam destrutivos para a possibilidade futura de uma tal vida"; "Não ponha em perigo as condições necessárias para a conversação indefinida da humanidade sobre a Terra"; "Inclua na tua escolha presente a futura integridade do homem como um dos objetos do teu querer". JONAS, Hans. *O princípio da responsabilidade*: ensaio de uma ética para a civilização tecnológica. Tradução de Marijane Lisboa e Luiz Barros Montez. Rio de Janeiro: PUC Rio, 2006, p. 47-48.

[312] JONAS, Hans. *O princípio da responsabilidade*: ensaio de uma ética para a civilização tecnológica. Tradução de Marijane Lisboa e Luiz Barros Montez. Rio de Janeiro: PUC Rio, 2006, p. 48.

uma maior reflexão sobre as ações realizadas e seus efeitos em longo prazo.[313] Como dizem Battestin e Ghiggi:

> Quanto mais próximo do futuro estiver aquilo que deve ser temido, mais a Heurística do Medo se torna necessária. O medo se torna a primeira obrigação preliminar de uma ética da responsabilidade. É do medo fundado que deriva a atitude ética fundamental, repensada a partir da vontade de evitar o pior.[314]

Tendo o medo como guia, o homem tende a agir de modo mais prudente. Nos dizeres de Zancanaro:

> A ética de responsabilidade com o futuro leva em conta a possibilidade da destruição do universo, revelando-nos imediatamente que o homem e o universo devem ser preservados. Neste caso, o medo da catástrofe tem um sentido ontológico afirmativo, que surge da possibilidade de destruição da vida humana. O "saber, a consciência da ameaça e o receio" encontram sua lógica em relação ao que "deve ser evitado". Tal reconhecimento nos faz enxergar o valor e, nesse caso, "o medo poderá ser o nosso melhor guia" (assim como foi "eros" para Platão).[315]

Assim, pelo temor das possíveis consequências geradas pela ação desmesurada do homem, a Constituição Federal de 1988 incorporou ao direito interno o denominado princípio da solidariedade intergeracional, consagrador da necessidade de que as presentes gerações preservem, para as futuras, o meio ambiente equilibrado, garantindo a manutenção de uma vida humana digna, princípio este que já se encontrava previsto no plano internacional, como se vê nos princípios 2 e 5 da Declaração de Estocolmo, de 1972, *in verbis*:

> Princípio 2: Os recursos naturais da terra incluídos o ar, a água, a terra, a flora e a fauna e especialmente amostras representativas dos ecossistemas naturais devem ser preservados em benefício das gerações presentes e futuras, mediante uma cuidadosa planificação ou ordenamento

---

[313] JONAS, Hans. *O princípio da responsabilidade*: ensaio de uma ética para a civilização tecnológica. Tradução de Marijane Lisboa e Luiz Barros Montez. Rio de Janeiro: PUC Rio, 2006, p. 75-79.

[314] BATTESTIN, Cláudia; GHIGGI, Gomercindo. O princípio da responsabilidade de Hans Jonas: um princípio ético para os novos tempos. *Thaumazein*, Santa Maria, ano III, n. 6, p. 69-85, out. 2010, p. 76.

[315] ZANCANARO, Lourenço. *O conceito de responsabilidade em Hans Jonas*. Tese (Doutorado em Educação) – Faculdade de Educação, Universidade Estadual de Campinas, 1998. p. 75.

Princípio 5: Os recursos não renováveis da terra devem empregar-se de forma que se evite o perigo de seu futuro esgotamento e se assegure que toda a humanidade compartilhe dos benefícios de sua utilização.[316]

Destacam Leite e Ayala:

A constituição da equidade intergeracional revela, assim, também a formulação de uma ética de alteridade intergeracional, reconhecendo finalmente que o homem também possui obrigações, deveres e responsabilidades compartilhadas em face do futuro. Evidencia-se a necessidade de integração do discurso ético do respeito à alteridade, mas, sobretudo, da alteridade intergeracional, como elementos de revisão do moderno discurso ecológico que é, atualmente, um discurso de inclusão do outro, propulsor de uma democracia ambiental qualificada pelo novo Estado Democrático do Ambiente.[317]

A importância da consagração dos princípios da responsabilidade e da solidariedade intergeracional está no fato de que eles servem como norte para a atuação do Estado,[318] sendo que os governantes, quando da formulação das políticas públicas, devem se atentar para aquelas que sejam aptas a preservar o equilíbrio ambiental para as gerações vindouras, não sendo lícita a adoção de políticas que, apesar de beneficiarem as populações presentes, ignoram o bem-estar das que ainda virão.

3.3.4 O Judiciário e o meio ambiente após 1988

Entre as funções do Estado, a de julgar é aquela responsável por garantir que as disposições constitucionais e legais sejam efetivamente respeitadas pelo Poder Público. Seria de muito pouca valia o resguardo do meio ambiente, ainda que em sede constitucional, se a sua violação não ensejasse a devida reprimenda ao infrator, desestimulando novas ilicitudes.

---

[316] Declaração da conferência das nações unidas sobre o meio ambiente humano, de 1972 (Declaração de Estocolmo). Disponível em: <http://www.apambiente.pt/_zdata/Politicas/DesenvolvimentoSustentavel/1972_Declaracao_Estocolmo.pdf>.

[317] LEITE, José Rubens Morato; AYALA, Patryck de Araújo. A transdisciplinariedade do direito ambiental e a sua equidade intergeracional. *Revista de Direito Ambiental*, São Paulo, v. 6, n. 22, p. 62-80, abr./jun. 2001.

[318] JONAS, Hans. *O princípio da responsabilidade*: ensaio de uma ética para a civilização tecnológica. Tradução de Marijane Lisboa e Luiz Barros Montez. Rio de Janeiro: PUC Rio, 2006, p. 51-152.

Como visto quando traçado o desenvolvimento histórico da tutela do meio ambiente no Brasil, o ordenamento pátrio possui instrumentos processuais capazes de judicializar as discussões ambientais, levando aos tribunais a última palavra, em termos jurídicos, sobre tais litígios.[319] Além da já citada ação civil pública, diversas outras espécies de ações servem para alavancar a discussão ambiental no âmbito do Judiciário, como as ações de controle de constitucionalidade (sempre que uma norma infraconstitucional violar os dispositivos ambientais insertos na Constituição Federal); o mandado de injunção em matéria ambiental (quando a omissão do Executivo ou do Legislativo inviabilizarem o exercício dos direitos ambientais previstos na Carta);[320] e, com certa polêmica, o mandado de segurança coletivo.[321]

Daí a importância de se ter um Judiciário conscientizado acerca da temática ambiental, com juízes capazes de entender as fundamentalidades formal e material do equilíbrio ecológico da forma como traçado pela Carta de Outubro. Assim, não se pode falar sobre o meio ambiente

---

[319] FIORILLO, Celso Antônio Pacheco. *Curso de direito ambiental brasileiro*. 12. ed. São Paulo: Saraiva, 2011, p. 681-718.

[320] Como diz Bianchi: "o mandado de injunção poderá ser perfeitamente utilizado na defesa do meio ambiente, sempre que for verificada a inércia do Poder Público na regulamentação de norma constitucional relativa ao tema, ou que lhe influencie de forma indireta". BIANCHI, Patrícia Nunes Lima. Controle de constitucionalidade e defesa do meio ambiente. In: CANOTILHO, J. J. Gomes; LEITE, José Rubens Morato (Org.). *Direito constitucional ambiental brasileiro*. 6. ed. São Paulo: Saraiva, 2015, p. 391.

[321] Antes da edição da Lei nº 12.016/09, parte da doutrina defendia, também, a utilização do mandado de segurança coletivo em matéria ambiental, como SIRVINKAS, Luís Paulo. *Manual de direito ambiental*. São Paulo: Saraiva, 2003, p. 383. Mesmo na época já existia certa polêmica sobre o assunto, sobretudo em razão de corrente doutrinária que defendia uma restrição do remédio em relação a direitos difusos. Oliveira, por exemplo, entendia não ser possível defender o meio ambiente, enquanto direito difuso, através do *mandamus* coletivo, salvo se o legitimado ativo for partido político com representação no Congresso Nacional. OLIVEIRA, Flávia de Paiva Medeiros de; GUIMARÃES, Flávio Romero. *Direito, meio ambiente e cidadania*: uma abordagem interdisciplinar. São Paulo: Madras, 2004, p.130. Com a edição da Lei nº 12.016/09, o diploma legislativo excluiu do âmbito de proteção do *writ* os direitos difusos. Apesar disso, o tema está longe de se apresentar como pacificado, uma vez que há quem defenda a inconstitucionalidade das restrições infraconstitucionais à utilização do mandado de segurança, ao argumento de que a lei não pode reduzir o âmbito de aplicação do remédio constitucional. Nesse sentido, Luiz Manoel Gomes Jr.: "De qualquer modo, a omissão do legislador em deixar de incluir os direitos difusos no rol do art. 21 da Lei do Mandado de Segurança mostra-se irrelevante, data vênia, pois o art. 5º, incisos LXIX e LXX, da CF/1988 exige apenas que tenha sido violado direito líquido e certo, não restringindo a categoria do direito (difuso, coletivo ou individual homogêneo). [...] Não havendo necessidade de ampla dilação probatória, não se verifica qualquer óbice legal ou fático a impedir a impetração de mandado de segurança coletivo, ainda que se almeje a defesa de direito difuso". GOMES JR., Luiz Manoel et al. *Comentários à Nova Lei do Mandado de Segurança, Lei 12.016, de 07 de agosto de 2009*. São Paulo: RT, 2009, p.192-193.

na Constituição Federal sem analisar, ainda que brevemente,[322] como a magistratura nacional tem tratado a questão.

Da análise jurisprudencial do Supremo Tribunal Federal e do Superior Tribunal de Justiça, é possível perceber a abertura de novos caminhos no que tange ao estatuto jurídico do meio ambiente e dos animais não humanos, demonstrando que o Judiciário vem sendo vanguardista no tema.

Aqui vale uma reflexão. O vanguardismo do Judiciário se deve, em muito, ao seu papel contramajoritário,[323] bem como ao aumento de sua importância no contexto neoconstitucionalista. Enquanto os demais Poderes são compostos por membros eleitos pela maioria, o Judiciário guarda certa independência em relação às pressões populares, de modo a salvaguardar a Constituição e o ordenamento jurídico mesmo em face do povo (e de seus representantes).

Não é por outra razão que, no curso da história, coube muitas vezes ao Poder Judiciário, e não aos ocupantes de mandato eletivo, a condução de mudanças sociais e jurídicas de destaque para o reconhecimento de novos direitos e novos sujeitos de direitos, com especial enfoque nos grupos minoritários e vulneráveis. A título de ilustração, lembre-se de que, nos Estados Unidos, foi a Suprema Corte, em 1954,[324] a responsável por garantir aos negros a partilha dos espaços com os brancos, refutando a doutrina dos "separados, mas iguais".[325] No Brasil, o Judiciário tem reconhecido e protegido direitos de grupos vulneráveis de toda ordem, como as mulheres[326] e homossexuais.[327]

---

[322] O tema, certamente, merece para si um trabalho exclusivo, em razão de sua complexidade e importância. No presente trabalho, a análise, breve e dentro dos limites da proposta da dissertação, terá por objetivo demonstrar como o Judiciário vem contribuindo para o alcance de um Estado Ambiental.

[323] Em relação aos direitos dos animais, é até mesmo difícil falar em papel contramajoritário do Judiciário quando este Poder reconhece e promove tais direitos, já que não é fácil encontrar, na sociedade atual, quem abertamente pense e defenda que eles não possuem quaisquer direitos. O grande papel do Judiciário está em interpretar quais são tais direitos e como eles devem ser resguardados. Afinal, a par das diferentes concepções, lembra Sunstein que "Quase todas as pessoas acreditam que os animais possuem direitos". SUNSTEIN, Cass R. *The Rights of Animals: A Very Short Primer*. University of Chicago Public Law & Legal Theory. Working Paper n. 30, 2002.

[324] No conhecido caso Brown v. Board of Education of Topeka.

[325] A doutrina do "separate but equal" remonta a 1896, quando, no caso Plessy v. Ferguson, entendeu-se como constitucional a imposição da segregação em locais públicos.

[326] Na ADPF nº 54, a exemplo, garantiu-se o direito de aborto em caso de feto anencéfalo.

[327] Na ADI nº 4.277 e na ADPF nº 132, a Suprema Corte reconheceu e resguardou a união homoafetiva.

3.3.4.1 O ambiente como direito fundamental do presente e do futuro

O Supremo Tribunal Federal, em mais de uma oportunidade, manifestou-se acerca do meio ambiente como direito fundamental de terceira geração, reconhecendo o dever do Estado de protegê-lo. Nesse sentido, pioneiro foi o Recurso Extraordinário nº 134.297-8/SP:

> EMENTA: RECURSO EXTRAORDINÁRIO – ESTAÇÃO ECOLÓGICA – RESERVA FLORESTAL NA SERRA DO MAR – PATRIMÔNIO NACIONAL (CF, ART. 225, PAR.4) – LIMITAÇÃO ADMINISTRATIVA QUE AFETA O CONTEÚDO ECONÔMICO DO DIREITO DE PROPRIEDADE – DIREITO DO PROPRIETÁRIO À INDENIZAÇÃO – DEVER ESTATAL DE RESSARCIR OS PREJUÍZOS DE ORDEM PATRIMONIAL SOFRIDOS PELO PARTICULAR – RE NÃO CONHECIDO. Incumbe ao Poder Público o dever constitucional de proteger a flora e de adotar as necessárias medidas que visem a coibir práticas lesivas ao equilíbrio ambiental. [...] Direito ao meio ambiente ecologicamente equilibrado: a consagração constitucional de um típico direito de terceira geração (CF, art. 225, *caput*). (RE 134297, Rel. Min. Celso de Mello, Primeira Turma, julgado em 13.06.1995, *DJ*, 22 set. 1995, p. 30597)[328]

De forma mais detalhada, a Suprema Corte, no bojo do Mandado de Segurança nº 22.164/DF, traçou as balizas essenciais do meio ambiente como objeto de direitos, nos moldes definidos pela Constituição de 1988, inclusive com o reconhecimento do princípio da solidariedade intergeracional.[329] Vale a transcrição de trecho do voto do Ministro Celso de Mello, relator, ao dizer que o meio ambiente caracteriza-se como:

> [...] um típico direito de terceira geração, que assiste de modo subjetivamente indeterminado a todo o gênero humano, circunstância essa que justifica a especial obrigação – que incumbe ao Estado e à própria coletividade – de defendê-lo e preservá-lo em benefício das presentes e futuras gerações, evitando-se, desse modo, que irrompam, no seio da comunhão social, os graves conflitos intergeracionais marcados pelo

---

[328] SUPREMO TRIBUNAL FEDERAL. Disponível em: <http://stf.jus.br/portal/jurisprudencia/listarJurisprudencia.asp?s1=%28re+134297%29&pagina=2&base=baseAcordaos&url=http://tinyurl.com/q8734eb>.
[329] AYALA, Patrick de Araújo. O novo paradigma constitucional e a jurisprudência ambiental do Brasil. In: CANOTILHO, J. J. Gomes; LEITE, José Rubens Morato (Org.). *Direito constitucional ambiental brasileiro*. 6. ed. São Paulo: Saraiva, 2015, p. 428.

desrespeito ao dever de solidariedade na proteção desse bem essencial de uso comum de todos quantos compõem o grupo social.[330]

Mas não é só. Além de reconhecer o meio ambiente (holisticamente considerado) como objeto autônomo de direitos, as Cortes nacionais têm avançado para proteger, inclusive, seres vivos não humanos, abrindo caminho para o seu reconhecimento como merecedores de especial tutela jurídica e, até mesmo, para a discussão sobre a possibilidade de possuírem direitos próprios, dotados de um valor intrínseco independente do homem.

3.3.4.2 A questão cultural como escudo para salvaguardar práticas abusivas e o Supremo Tribunal Federal

No contexto ressaltado acima, de vanguardismo do Judiciário na defesa dos direitos dos animais não humanos, vale a análise de três casos do Supremo Tribunal Federal, dois já julgados definitivamente e um ainda em tramitação, nos quais a Suprema Corte deparou-se com a seguinte celeuma: pode a cultura ser utilizada como argumento para justificar práticas abusivas perpetradas contra animais?

A discussão envolve o choque direto entre dois dispositivos constitucionais. O artigo 215, *caput* e §1º, da Constituição brasileira, assim versa:

> Art. 215. O Estado garantirá a todos o pleno exercício dos direitos culturais e acesso às fontes da cultura nacional, e apoiará e incentivará a valorização e a difusão das manifestações culturais.
>
> §1º O Estado protegerá as manifestações das culturas populares, indígenas e afro-brasileiras, e das de outros grupos participantes do processo civilizatório nacional.

Fica claro que o constituinte atribuiu à cultura e às suas diversas manifestações uma proteção qualificada, impondo ao Poder Público a obrigação não só de respeitá-las, mas também de promovê-las.

Noutro giro, o artigo 225, inciso VII, da Carta da República, proíbe as práticas cruéis contra os animais, nos seguintes termos:

---

[330] BRASIL. Mandado de Segurança nº 22.164-0/SP. Supremo Tribunal Federal, Rel. Min. Celso de Mello, Acórdão publicado no *Diário de Justiça da União*, 17 nov. 1995. Disponível em: <www.stf.jus.br>.

Art. 225. Todos têm direito ao meio ambiente ecologicamente equilibrado, bem de uso comum do povo e essencial à sadia qualidade de vida, impondo-se ao Poder Público e à coletividade o dever de defendê-lo e preservá-lo para as presentes e futuras gerações.

VII - proteger a fauna e a flora, vedadas, na forma da lei, as práticas que coloquem em risco sua função ecológica, provoquem a extinção de espécies ou submetam os animais a crueldade.

Cultura e proteção animal são dois bens constitucionalmente protegidos que eventualmente colidem e levam o Judiciário a decidir pela prevalência de um em detrimento do outro.

Vale frisar que o choque em apreço ocorre mundo afora e suscita acaloradas discussões nos mais diversos foros. Na China, por exemplo, é comum utilizar o escudo da cultura para tentar salvaguardar práticas cruéis contra os demais seres vivos, como alerta Song Wei, professor da Universidade de Ciência e Tecnologia da China:

> Agora nossos olhos estão amarrados pelos eventos recentes de abuso animal: Liu Haiyang, um estudante da universidade de Qinghua, queimou ursos com ácido sulfúrico; tigres na trupe do circo morreram de cansaço; milhares e milhares de cachorros em Guangzhou tem suas cordas vocais cortadas.[331]

O STF, em ao menos três ocasiões, deparou-se com o tema ao analisar as práticas da farra do boi, da briga de galo e da vaquejada, adiante examinados.

3.3.4.2.1 O Supremo e a farra do boi

O caso chegou ao Supremo por meio do Recurso Extraordinário nº 153.531, originário do estado de Santa Catarina. O Pretório Excelso deparou-se com a necessidade de examinar, em sede de controle difuso, a constitucionalidade de uma "tradição" levada a efeito no estado sulista.

A farra do boi, que se diz ter sido trazida às terras brasileiras por influência de descendentes açorianos, consiste basicamente na tortura deliberada de bois, sobretudo na época da Páscoa. Em síntese, os animais são isolados e privados de alimentação; após dias em tal situação, alimentos e água são colocados próximos a eles, mas de modo a não ser

---

[331] WEI, Song. Tradicional cultura chinesa coloca dificuldade para nova lei de bem-estar animal. *Revista Brasileira de Direito Animal*, ano 4, n. 5, jan./dez. 2009, p. 97.

possível o alcance, aumentando o nível de *stress* e agressividade. Algum tempo depois, os bois são soltos nas ruas (obviamente já agressivos e desesperados), sendo que a população, munida com diversos tipos de instrumentos, espera-os para feri-los (são utilizados paus, pedras, lanças, óleo quente, combustível para atear fogo, perfuração de olhos, empalações, entre outros). A perseguição do animal até a sua morte pode durar dias, quando então sua carne é dividida para o "glorioso" churrasco.

A crueldade é tamanha que o Ministro Francisco Rezek, relator do Recurso Extraordinário em comento, absteve-se, em seu voto, de descrevê-la com maiores detalhes, consignando o seguinte:

> Em que consiste essa prática, o país todo sabe. Poupei o Tribunal, como é do meu feitio, de ler determinadas peças do processo em nome dessa notoriedade. Há coisas repulsivas aqui, narradas por pessoas da sociedade catarinense, narradas por sacerdotes de Santa Catarina e por instituições comprometidas com o primado da Constituição no que se refere à proibição da crueldade para com os animais.

O Poder Público regional alegou, em sua defesa, que se tratava de tradição culturalmente protegida. Todavia, ao analisar o caso, a Corte Suprema entendeu pela inconstitucionalidade da prática, apontando expressamente que costumes culturais não podem ser utilizados como escudo para a prática de crueldade contra os animais. Segue a Ementa do julgado:

> COSTUME – MANIFESTAÇÃO CULTURAL – ESTÍMULO – RAZOABILIDADE – PRESERVAÇÃO DA FAUNA E DA FLORA – ANIMAIS – CRUELDADE. A obrigação de o Estado garantir a todos o pleno exercício de direitos culturais, incentivando a valorização e a difusão das manifestações, não prescinde da observância da norma do inciso VII do artigo 225 da Constituição Federal, no que veda prática que acabe por submeter os animais à crueldade. Procedimento discrepante da norma constitucional denominado "farra do boi". (RE nº 153531, Rel. Min. Francisco Rezek, Relator p/ Acórdão: Min. Marco Aurélio, Segunda Turma, julgado em 03.06.1997, *DJ*, 13 mar. 1998, p. 13)[332]

Interessante destacar a seguinte observação do Ministro Francisco Rezek:

---

[332] BRASIL. Recurso Extraordinário nº 153531-SC. Supremo Tribunal Federal, Rel. Min. Francisco Rezek, Rel. p/ acórdão Min. Marco Aurélio, julgado em 03.06.1997, *DJ*, 13 mar. 1998, p. 13. Disponível em: <www.stf.jus.br>.

As duas tentações que podem rondar o julgador e que devem ser repelidas para um correto exame da controvérsia são, primeiro, a consideração metajurídica das prioridades: por que, num país de dramas sociais tão pungentes, há pessoas preocupando-se com a integridade física ou coma sensibilidade dos animais?

[...] com a negligência no que se refere à sensibilidade dos animais, anda-se meio caminho até a indiferença e quanto se faça a seres humanos. Essas duas formas de desídia são irmãs e quase sempre se reúnem, escalonadamente. Não nos é dado o direito de tentar ridicularizar o pedido, de amesquinhá-lo com esse gênero de argumento.

[...] Não posso ver como juridicamente correta a ideia de que em prática dessa natureza a Constituição não é alvejada. Não há aqui uma manifestação cultural com abusos avulsos: há uma prática abertamente violenta e cruel para com os animais, e a Constituição não deseja isso.

[...] manifestações culturais são as práticas existentes em outras partes do país, que também envolvem bois submetidos à farra do público, mas de pano, de madeira, de "papiermaché"; não seres vivos, dotados de sensibilidade e preservados pela Constituição da República contra esse gênero de comportamento[333]

O Ministro Marco Aurélio, ao acompanhar o Relator, registrou sua indignação e repulsa ao elevado índice de violência contido na farra do boi, assim dizendo:

Não se trata, no caso, de uma manifestação cultural que mereça o agasalho da Carta da República. Como disse no início de meu voto, cuida-se de uma prática cuja crueldade é ímpar e decorre das circunstâncias de pessoas envolvidas por paixões condenáveis buscarem, a todo custo, o próprio sacrifício do animal.

Portanto, entendeu o Supremo que a proibição de crueldade contra os animais, seres dotados de sensibilidade e merecedores de proteção e respeito, prevalece sobre tradições culturais, por mais enraizadas que sejam.

3.3.4.2.2 O Supremo e as brigas de galo

Pouco mais tarde, novamente o Supremo viria a se deparar com situação semelhante. No julgamento da Ação Direta de

---
[333] BRASIL. Recurso Extraordinário nº 153531-SC. Supremo Tribunal Federal, Rel. Min. Francisco Rezek, Rel. p/ acórdão Min. Marco Aurélio, julgado em 03.06.1997, *DJ*, 13 mar. 1998, p. 13. Disponível em: <www.stf.jus.br>.

Inconstitucionalidade nº 1.856/RJ,[334] o Supremo Tribunal Federal teve que analisar a constitucionalidade da Lei nº 2.895/98, do Estado do Rio de Janeiro, que permitia as conhecidas "brigas de galo". Do mesmo modo que no caso catarinense da farra do boi, aqui também a administração estadual alegou que as competições estavam de acordo com a cultura popular, o que as tornaria lícitas.[335] Contudo, mais uma vez, o Supremo reconheceu que aspectos culturais não podem suplantar a proteção constitucional conferida ao meio ambiente e, frise-se, aos animais não humanos. Seguem trechos da decisão que bem elucidam o posicionamento do Pretório Excelso:

EMENTA: AÇÃO DIRETA DE INCONSTITUCIONALIDADE – BRIGA DE GALOS (LEI FLUMINENSE Nº 2.895/98) – LEGISLAÇÃO ESTADUAL QUE, PERTINENTE A EXPOSIÇÕES E A COMPETIÇÕES ENTRE AVES DAS RAÇAS COMBATENTES, FAVORECE ESSA PRÁTICA CRIMINOSA – DIPLOMA LEGISLATIVO QUE ESTIMULA O COMETIMENTO DE ATOS DE CRUELDADE CONTRA GALOS DE BRIGA – CRIME AMBIENTAL (LEI Nº 9.605/98, ART. 32) – MEIO AMBIENTE - DIREITO À PRESERVAÇÃO DE SUA INTEGRIDADE (CF, ART. 225) – PRERROGATIVA QUALIFICADA POR SEU CARÁTER DE METAINDIVIDUALIDADE – DIREITO DE TERCEIRA GERAÇÃO (OU DE NOVÍSSIMA DIMENSÃO) QUE CONSAGRA O POSTULADO DA SOLIDARIEDADE – PROTEÇÃO CONSTITUCIONAL DA FAUNA (CF, ART. 225, §1º, VII) – DESCARACTERIZAÇÃO DA BRIGA DE GALO COMO MANIFESTAÇÃO CULTURAL – RECONHECIMENTO DA INCONSTITUIONALIDADE DA LEI ESTADUAL IMPUGNADA – AÇÃO DIRETA PROCEDENTE. LEGISLAÇÃO ESTADUAL QUE AUTORIZA A REALIZAÇÃO DE EXPOSIÇÕES E COMPETIÇÕES ENTRE AVES DAS RAÇAS COMBATENTES – NORMA QUE INSTITUCIONALIZA A PRÁTICA DE CRUELDADE CONTRA A FAUNA – INCONSTITUCIONALIDADE. – A promoção de briga de galos, além de caracterizar prática criminosa tipificada na legislação ambiental, configura conduta atentatória à Constituição da República, que veda a submissão de animais a atos de crueldade, cuja natureza perversa, à semelhança da "farra do boi" (RE nº 153.531/SC), não permite sejam eles qualificados como inocente manifestação cultural, de caráter meramente folclórico. Precedentes. – A proteção jurídico-constitucional

---

[334] BRASIL. Ação Direta de Inconstitucionalidade nº 1.856/RJ. Supremo Tribunal Federal, Rel. Min. Celso de Mello, julgado em 26.05.2011, DJe 198, 14 out. 2011. Disponível em: <www.stf.jus.br>.

[335] O argumento, acentuadamente antropocêntrico, evidentemente não pode prosperar, sob pena de o supérfluo reinar sobre o essencial. CHALFUN, Mery. Animais humanos e não-humanos: princípios para solução de conflitos. *Revista Brasileira de Direito Animal*, ano 4, n. 5, jan./dez. 2009, p. 127.

dispensada à fauna abrange tanto os animais silvestres quanto os domésticos ou domesticados, nesta classe incluídos os galos utilizados em rinhas, pois o texto da Lei Fundamental vedou, em cláusula genérica, qualquer forma de submissão de animais a atos de crueldade. – Essa especial tutela, que tem por fundamento legitimador a autoridade da Constituição da República, é motivada pela necessidade de impedir a ocorrência de situações de risco que ameacem ou que façam periclitar todas as formas de vida, não só a do gênero humano, mas, também, a própria vida animal, cuja integridade restaria comprometida, não fora a vedação constitucional, por práticas aviltantes, perversas e violentas contra os seres irracionais, como os galos de briga ("gallus-gallus") [...]. (ADI nº 1856, Rel. Min. Celso de Mello, Tribunal Pleno, julgado em 26.05.2011, *DJe* 198, 14 out. 2011, p. 275, RTJ, v. 220, p. 18, RT, v. 101, n. 915, 2012, p. 379-413)

Após o julgamento envolvendo a lei fluminense, o Supremo analisou a questão mais uma vez, de novo se referindo ao Estado de Santa Catarina, cuja legislação (Lei estadual nº 11.366/00) não só permitia a briga de galos, mas a regulava em minúcias, chegando mesmo a incentivá-la enquanto atividade econômica, indo ao ponto de estimular a criação de organizações civis com autorização para explorá-la mediante instituição de taxas públicas.

No caso, a Assembleia Legislativa catarinense chegou a argumentar, em defesa da lei estadual, que "vive arraigado na cultura popular o tradicional combate entre galos da espécie criada unicamente para esse fim", bem como que os galos "detêm carga cromossômica orientada para a luta". Evidentemente, o Supremo declarou a inconstitucionalidade da lei, em decisão assim ementada:

> EMENTA: AÇÃO DIRETA DE INCONSTITUCIONALIDADE. LEI N. 11.366/00 DO ESTADO DE SANTA CATARINA. ATO NORMATIVO QUE AUTORIZA E REGULAMENTA A CRIAÇÃO E A EXPOSIÇÃO DE AVES DE RAÇA E A REALIZAÇÃO DE "BRIGAS DE GALO". A sujeição da vida animal a experiências de crueldade não é compatível com a Constituição do Brasil. Precedentes da Corte. Pedido de declaração de inconstitucionalidade julgado procedente. (ADI 2514, Rel. Min. Eros Grau, Tribunal Pleno, julgado em 29.06.2005, *DJ*, 09 dez, 2005, p. 4, LEXSTF, v. 27, n. 324, 2005, p. 42-47).[336]

O Ministro Eros Grau, relator da Ação Direta, pontuou que leis como a vergastada na ação direta representavam o desprezo do

---

[336] BRASIL. ADI nº 2514, Rel. Min. Eros Grau, Tribunal Pleno, julgado em 29.06.2005.

legislador estadual pelos comandos da Constituição Federal de proteção aos animais, afirmando:

Com efeito, ao autorizar a odiosa competição entre galos, o legislador estadual ignorou o comando contido no inciso VII do §1º do artigo 225 da Constituição do Brasil, que expressamente veda práticas que submetam os animais à crueldade.

Anos mais tarde, por mais uma vez o Supremo analisaria a questão, na Ação Direta de Inconstitucionalidade nº 3.776/RN, relacionada à Lei potiguar nº 7.380/98 e, novamente, o STF reconheceu a inconstitucionalidade.[337]

3.3.4.2.3 O Supremo e a vaquejada

Recentemente o Supremo enfrentou, no bojo da Ação Direta de Inconstitucionalidade nº 4.983/CE,[338] a questão da vaquejada.[339] A prática, comum no Nordeste brasileiro, foi questionada na ação pela Procuradoria Geral da República, que a entendeu inconstitucional, ainda que exercida dentro de um contexto cultural.[340]

O relator, Ministro Marco Aurélio, votou pela procedência do pedido, enquanto os Ministros Edson Fachin e Gilmar Mendes entenderam pela improcedência, sob o argumento de que a atividade está albergada pela cultura e, assim, goza de proteção constitucional. Determinados trechos do voto do relator demonstram a inequívoca crueldade da prática:

---

[337] BRASIL. ADI nº 3.776/RN, Rel. Min. César Peluso, Tribunal Pleno, julgado em 14.06.2007, DJE 47, 28 jun. 2007.

[338] Na ação pede-se a declaração de inconstitucionalidade da Lei nº 15.299, de 08 de janeiro de 2013, do Estado do Ceará, que classifica a vaquejada como esporte de cunho cultural, regulamentando-a e, consequentemente, tornando-a legítima. BRASIL. Ação Direta de Inconstitucionalidade nº 4.983/CE, Rel. Min. Marco Aurélio. Disponível em: <www.stf.jus.br>.

[339] Em resumo, como dito pelo Ministro Marco Aurélio, a vaquejada tem como objetivo "a derrubada do touro pelos vaqueiros, o que fazem em arrancada, puxando-o pelo rabo. Inicialmente, o animal é enclausurado, açoitado e instigado a sair em disparada quando da abertura do portão do brete. Conduzido pela dupla de vaqueiros competidores vem a ser agarrado pela cauda, a qual é torcida até que caia com as quatro patas para cima e, assim, fique finalmente dominado". BRASIL. Ação Direta de Inconstitucionalidade nº 4.983/CE, Rel. Min. Marco Aurélio. Disponível em: <www.stf.jus.br>.

[340] Relevante apontar que sequer o Advogado-Geral da União defendeu a lei vergastada, posicionando-se pela inconstitucionalidade do diploma normativo.

O autor juntou laudos técnicos que demonstram as consequências nocivas à saúde dos bovinos decorrentes da tração forçada no rabo, seguida da derrubada, tais como fraturas nas patas, ruptura de ligamentos e de vasos sanguíneos, traumatismos e deslocamento da articulação do rabo ou até o arrancamento deste, resultando no comprometimento da medula espinhal e dos nervos espinhais, dores físicas e sofrimento mental. Apresentou estudos no sentido de também sofrerem lesões e danos irreparáveis os cavalos utilizados na atividade: tendinite, tenossinovite, exostose, miopatias focal e por esforço, fraturas e osteoartrite társica.

Ante os dados empíricos evidenciados pelas pesquisas, tem-se como indiscutível o tratamento cruel dispensado às espécies animais envolvidas. O ato repentino e violento de tracionar o touro pelo rabo, assim como a verdadeira tortura prévia – inclusive por meio de estocadas de choques elétricos – à qual é submetido o animal, para que saia do estado de mansidão dispare em fuga a fim de viabilizar a perseguição, consubstanciam atuação a implicar descompasso com o que preconizado no artigo 225, §1º, inciso VII, da Carta da República.

O argumento em defesa da constitucionalidade da norma, no sentido de a disciplina da prática permitir seja realizada sem ameaça à saúde dos animais, não subsiste. Tendo em vista a forma como desenvolvida, a intolerável crueldade com os bovinos mostra-se inerente à vaquejada. A atividade de perseguir animal que está em movimento, em alta velocidade, puxá-lo pelo rabo e derrubá-lo, sem os quais não mereceria o rótulo de vaquejada, configura maus-tratos. Inexiste a mínima possibilidade de o touro não sofrer violência física e mental quando submetido a esse tratamento.

Ao final, bem conclui o Ministro no sentido de que a crueldade da vaquejada é totalmente incompatível com a tutela ambiental estampada na Constituição Federal de 1988, não sendo possível proteger essa prática com a alegação de permissivos culturais, porquanto, ante o choque entre cultura e crueldade, deve-se abolir esta ainda que em detrimento daquela, como consignou o Relator:

> A par de questões morais relacionadas ao entretenimento às custas do sofrimento dos animais, bem mais sérias se comparadas às que envolvem experiências científicas e médicas, a crueldade intrínseca à vaquejada não permite a prevalência do valor cultural como resultado desejado pelo sistema de direitos fundamentais da Carta de 1988. O sentido da expressão "crueldade" constante da parte final do inciso VII do §1º do artigo 225 do Diploma Maior alcança, sem sombra de dúvida, a tortura e os maus-tratos infringidos aos bovinos durante a prática impugnada, revelando-se intolerável, a mais não poder, a conduta humana autorizada pela norma estadual atacada. No âmbito de composição dos

interesses fundamentais envolvidos neste processo, há de sobressair a pretensão de proteção ao meio ambiente.[341]

O julgamento, inicialmente suspenso por pedido de vista formulado em agosto de 2015 pelo Ministro Luis Roberto Barroso,[342] foi retomado em 02.06.2016, quando o Ministro, acompanhando o Relator, proferiu preclaro voto reafirmando o já exposto no presente trabalho. Vale as seguintes transcrições:

> A história da relação entre homens e animais no Ocidente é inegavelmente marcada pela dominação, controle e exploração. [...]
> Nos dias atuais, a maioria das pessoas concorda que não se deve impor sofrimento aos animais. E até mesmo muitos dos que criticam a ideia de direitos animais geralmente consideram práticas cruéis como abomináveis e reivindicam normas jurídicas que as proíbam. [...]
> Portanto, a vedação da crueldade contra animais na Constituição Federal deve ser considerada uma norma autônoma, de modo que sua proteção não se dê unicamente em razão de uma função ecológica ou preservacionista, e afim de que os animais não sejam reduzidos à mera condição de elementos do meio ambiente.[343]

Ao final, a Corte concluiu o julgamento no único sentido compatível com uma Constituição Gaia, julgando procedente a ação e extirpando do ordenamento o ato normativo que violava a integridade e a dignidade daqueles seres.

Ocorre que, não obstante o claro posicionamento do Supremo, o Senado Federal, em infeliz reação, com o objetivo de "constitucionalizar" a prática inconstitucional, propôs, votou e aprovou a Proposta de Emenda Constitucional – PEC nº 50/2016,[344] conhecida como "PEC da vaquejada". Relevante anotar que, em consulta pública realizada pelo próprio Senado, a maioria absoluta dos votos foi contra a PEC (63.405 votos contrários X 17.728 votos favoráveis), que, ainda assim,

---

[341] BRASIL. Ação Direta de Inconstitucionalidade nº 4.983/CE, Rel. Min. Marco Aurélio. Disponível em: <www.stf.jus.br>.

[342] O Ministro, cuja trajetória de vida no Direito é marcada pela defesa intransigente dos direitos das minorias (a exemplo de suas conhecidas atuações na ADPF nº 54, oportunidade em que defendeu o aborto de fetos anencefálicos, e na ADPF nº 132, quando defendeu o direito à união homoafetiva), foi coerente ao também defender os direitos do grupo mais vulnerável da atualidade: os animais não humanos, que sequer possuem voz para se defenderem.

[343] BRASIL. Ação Direta de Inconstitucionalidade nº 4.983/CE, Rel. Min. Marco Aurélio. Disponível em: <www.stf.jus.br>.

[344] Disponível em: <http://www25.senado.leg.br/web/atividade/materias/-/materia/127262>.

foi aprovada pelos senadores e, posteriormente, pela Câmara dos Deputados, resultando na Emenda Constitucional nº 96/17, que acrescentou o §7º ao artigo 225 da Constituição Federal, nos seguintes termos:

§7º Para fins do disposto na parte final do inciso VII do §1º deste artigo, não se consideram cruéis as práticas desportivas que utilizem animais, desde que sejam manifestações culturais, conforme o §1º do art. 215 desta Constituição Federal, registradas como bem de natureza imaterial integrante do patrimônio cultural brasileiro, devendo ser regulamentadas por lei específica que assegure o bem-estar dos animais envolvidos.

A Emenda já está sendo questionada perante o Supremo Tribunal Federal, tanto pela Procuradoria-Geral da República (através da Ação Direta de Inconstitucionalidade nº 5.772), quanto pelo Fórum Nacional de Proteção e Defesa Animal (Ação Direta de Inconstitucionalidade nº 5.728).

3.3.4.3 O Superior Tribunal de Justiça e a Natureza

Também o Superior Tribunal de Justiça possui acervo jurisprudencial que evidencia um reforço na proteção da natureza e dos demais seres vivos. Interessante observar duas decisões do Superior Tribunal de Justiça.

3.3.4.3.1 A eutanásia e a leishmaniose

Tratar-se-á, aqui, da Suspensão de Liminar nº 738/MS. Versou o caso sobre ação civil pública proposta pela Sociedade de Proteção e Bem-Estar Animal Abrigo dos Bichos em face do Município de Campo Grande/MS. Na ação, a Associação buscava suspender a eutanásia de cães e gatos diagnosticados com leishmaniose visceral unicamente pelo método de Ensaio Imunoenzimático (E.I.E), sob o argumento de que o resultado seria meramente presuntivo, e não conclusivo, razão pela qual animais sadios estariam sendo sacrificados.[345]

---

[345] Não são incomuns os casos em que os exames realizados pelo Poder Público apresentam resultados diversos daqueles realizados por outros laboratórios. Estudos realizados mostram que, em determinados Estados, as divergências chegam a 45%, o que demonstra a fragilidade dos testes realizados pelo Estado, bem como o desprezo pela vida dos animais, que acabam, em muitos casos, sendo sacrificados a partir de resultados equivocados. Disponível em: <http://www.anda.jor.br/24/08/2009/exames-de-leishmaniose-apresentam-alto-indice-de-falso-positivo>.

Após o Tribunal de Justiça do Estado do Mato Grosso do Sul deferir a antecipação da tutela pretendida pela Associação para que a eutanásia somente ocorresse após a realização concomitante de mais de um tipo de exame, de modo a se obter um resultado realmente conclusivo, o Município pleiteou, junto ao Superior Tribunal de Justiça, a suspensão da medida antecipatória, o que foi negado pelo Relator, Ministro Barros Monteiro. Ou seja, garantiu-se a necessidade de que o Poder Público chegasse a um diagnóstico conclusivo antes de sacrificar os animais.[346]

3.3.4.3.2 Animais sem teto: coisas?

Um dos casos mais emblemáticos decididos pelo Superior Tribunal de Justiça, no qual a Corte enfrentou expressamente a condição jurídica de animais não humanos, reside no Recurso Especial nº 1.115.916/MG.[347] Em síntese, o caso versava sobre animais sem dono que, abandonados pelas ruas, poderiam vir a ser portadores e transmissores de moléstias a seres humanos.

O Município de Belo Horizonte vale-se do argumento de que os animais sem donos seriam coisas abandonadas e que, portanto, poderiam ser apropriados pelo Poder Público, que passaria a se configurar como seu legítimo proprietário (nos termos do artigo 1.263, do Código

---

[346] BRASIL. Suspensão de Liminar e de Sentença (SLS) nº 738/MS, Supremo Tribunal Federal. Disponível em: <www.stj.jus.br>.
[347] BRASIL, Recurso Especial nº 1.115.916/MG, Superior Tribunal de Justiça, Rel. Min. Humberto Martins, julgado em 1º.09.2009, DJe, 18 set. 2009, RSTJ v. 216, p. 358. Disponível em: <www.stj.jus.br>. Vale a transcrição de parte da Ementa do julgado, que traduz o espírito do que decidido pelo Superior Tribunal de Justiça, in verbis: ADMINISTRATIVO E AMBIENTAL – CENTRO DE CONTROLE DE ZOONOSE – SACRIFÍCIO DE CÃES E GATOS VADIOS APREENDIDOS PELOS AGENTES DE ADMINISTRAÇÃO – POSSIBILIDADE QUANDO INDISPENSÁVEL À PROTEÇÃO DA SAÚDE HUMANA – VEDADA A UTILIZAÇÃO DE MEIOS CRUÉIS. [...] 3. A meta principal e prioritária dos centros de controles de zoonose é erradicar as doenças que podem ser transmitidas de animais a seres humanos, tais quais a raiva e a leishmaniose. Por esse motivo, medidas de controle da reprodução dos animais, seja por meio da injeção de hormônios ou de esterilização, devem ser prioritárias, até porque, nos termos do 8º Informe Técnico da Organização Mundial de Saúde, são mais eficazes no domínio de zoonoses. 4. Em situações extremas, nas quais a medida se torne imprescindível para o resguardo da saúde humana, o extermínio dos animais deve ser permitido. No entanto, nesses casos, é defeso a utilização de métodos cruéis, sob pena de violação do art. 225 da CF, do art. 3º da Declaração Universal dos Direitos dos Animais, dos arts. 1º e 3º, I e VI do Decreto Federal n. 24.645 e do art. 32 da Lei nº 9.605/1998. [...] 6. In casu, a utilização de gás asfixiante no centro de controle de zoonose é medida de extrema crueldade, que implica em violação do sistema normativo de proteção dos animais, não podendo ser justificada como exercício do dever discricionário do administrador público. Recurso especial improvido. (REsp nº 1115916/MG, Rel. Ministro Humberto Martins, julgado em 1º.09.2009, DJe, 18 set. 2009).

Civil).³⁴⁸ Assim, o Município recolhia os animais e os sacrificava em câmaras de gás.

O Tribunal de Justiça de Minas Gerais entendeu inválido o argumento do Município, considerando que, mesmo que se reconhecesse a possibilidade do sacrifício dos animais vetores de moléstias, jamais tal procedimento poderia se dar mediante o uso de meios cruéis, como a câmara de gás. O Município recorreu ao Superior Tribunal de Justiça, que, ao analisar o Recurso Especial, não só o desproveu como deixou expresso que, prioritariamente, deveriam ser utilizadas medidas preventivas, como a castração e a vacinação, e, nos casos extremos de sacrifício, este não poderia ser levado a efeito de maneira cruel ou degradante. Analisando o voto do Relator, Ministro Humberto Martins, é possível perceber que o Superior Tribunal de Justiça, ao enfrentar a condição jurídica dos animais, descartou a sua caracterização como meras coisas. Mais importante do que a Ementa do julgado (já citada, em parte, em nota de rodapé) é a análise do voto do Ministro Relator. Em razão de sua relevância, vale a transcrição de alguns de seus trechos.

Inicialmente, o Ministro rejeita a condição dos animais como coisas, afirmando que eles possuem sentimentos, senciência,³⁴⁹ são capazes de sofrer, de sentir dor e, portanto, jamais podem ser comparados a

---

[348] BRASIL. Lei nº 10.406, de 10 de janeiro de 2002: "Art. 1.263. Quem se assenhorear de coisa sem dono para logo lhe adquire a propriedade, não sendo essa ocupação defesa por lei."

[349] Tal qualidade já foi reconhecida aos animais através de diversos estudos científicos, calhando ressaltar o instrumento conhecido como *The Cambridge Declaration of Consciousness*, documento firmado por diversos cientistas (neurocientistas; neurofarmacologistas; neurofisiologistas; neuroanatomistas) da Universidade de Cambridge que, após uma gama de estudos, chegaram à conclusão de que os animais são dotados de consciência. A Declaração restou assim sintetizada: "A ausência de um neocórtex não parece impedir que um organismo experimente estados afetivos. Evidências convergentes indicam que os animais não-humanos têm os substratos neuroanatômicos, neuroquímicos, e neurofisiológicos necessários aos estados de consciência, juntamente com a capacidade de exibir comportamentos intencionais. Por conseguinte, o peso das evidências indica que os humanos não são únicos a possuir os substratos neurológicos que geram consciência. Os animais não humanos, incluindo todos os mamíferos e pássaros, e muitas outras criaturas, incluindo polvos, também possuem estes substratos neurológicos" (tradução do autor). Original: "The absence of a neocortex does not appear to preclude an organism from experiencing affective states. Convergent evidence indicates that non-human animals have the neuroanatomical, neurochemical, and neurophysiological substrates of conscious states along with the capacity to exhibit intentional behaviors. Consequently, the weight of evidence indicates that humans are not unique in possessing the neurological substrates that generate consciousness. Non-human animals, including all mammals and birds, and many other creatures, including octopuses, also possess these neurological substrates". The Cambridge Declaration of Consciousness. Disponível em: <http://fcmconference.org/img/CambridgeDeclarationOnConsciousness.pdf>.

um objeto inanimado, desprovido de sinais vitais, como uma pedra.[350] Nesse sentido, consignou o Relator:

> Não há como se entender que seres, como cães e gatos, que possuem um sistema nervoso desenvolvido e que por isso sentem dor, que demonstram ter afeto, ou seja, que possuem vida biológica e psicológica, possam ser considerados como coisas como objetos materiais desprovidos de sinais vitais. Essa característica dos animais mais desenvolvidos é a principal causa da crescente conscientização da humanidade contra a prática de atividades que possam ensejar maus tratos e crueldade contra tais seres.

E mais. Segundo bem dito pelo magistrado da Corte Superior, o reconhecimento de direitos dos demais seres vivos não se relaciona, necessariamente, com o equilíbrio ecológico estabelecido no artigo 225 da Constituição Federal de 1988. Ou seja: não se protegem os animais apenas para garantir o equilíbrio ambiental, mas sim porque são eles dotados de um valor intrínseco que os aproxima dos seres humanos. Nos dizeres do Ministro:

> A condenação dos atos cruéis não possui origem na necessidade do equilíbrio ambiental, mas sim no reconhecimento de que os animais são dotados de uma estrutura orgânica que lhes permite sofrer e sentir dor. A rejeição a tais atos, aflora, na verdade, dos sentimentos de justiça, de compaixão, de piedade, que orientam o ser humano a repelir toda e qualquer forma de mal radical, evitável e sem justificativa razoável.
> A consciência de que os animais devem ser protegidos e respeitados, em função de suas características naturais que os dotam de atributos muito semelhantes aos presentes na espécie humana, é completamente oposta à ideia defendida pelo recorrente, de que animais abandonados podem ser considerados coisas, motivo pelo qual, a administração pública poderia dar-lhes destinação que convier, nos termos do art. 1.263 do CC.

---

[350] É a capacidade de sentir (e não necessariamente de expressar) dor e prazer – senciência – que deve ser considerada o marco para fins de proteção de direitos, em homenagem ao princípio da igual consideração. Em vista disso, antigos critérios diferenciadores, como a inteligência e a racionalidade, são abandonados, exatamente por terem se mostrado altamente equivocados. Como dizem Klevenhusen e Chalfun: "Segundo a teoria da igual consideração, a inteligência não pode ser um parâmetro; na verdade, é o sofrimento que deve ser considerado, e, se este existe, não há qualquer justificativa moral para se ignorar o sofrimento dos outros seres. A igual consideração tem por base a capacidade de sofrer, pois é o sofrimento a linha demarcatória para que exista a consideração, e não a racionalidade ou a inteligência". KLEVENHUSEN, Renata Braga; CHALFUN, Mery. Pela não reificação dos animais: a caminho da concretização do Estado Constitucional Ecológico. *Revista Brasileira de Direito Animal*, ano 2014, v. 9, n. 16, maio/abr. p. 155.

Em suas conclusões, o Relator condena veementemente a prática levada a efeito pelo Centro de Controle de Zoonose, comparando-o a um verdadeiro campo de concentração. Veja-se:

> Ao arrepio de toda essa legislação protetiva, é comum nos Centro de Controle de Zoonose, e o presente caso é uma prova disso, o uso de procedimentos cruéis para o extermínio de animais, tal como morte por asfixia, transformando esses centros em verdadeiros "campos de concentração", quando deveriam ser um espaço para promoção da saúde dos animais, com programas de controle de doenças.

Vê-se, portanto, que pela primeira vez um Tribunal Superior brasileiro proferiu entendimento expresso de que os animais não podem ser considerados como coisas e que são merecedores de uma proteção especial do ordenamento em razão de suas características intrínsecas (senciência). Afinal, como bem afirma Zaffaroni, a proteção dos animais contra a tortura e a crueldade não pode se dar sob nenhum outro enfoque senão aquele que reconhece os próprios animais como sujeitos de direitos. Transcreve-se:

> Em nossa opinião, o bem jurídico do crime de maus tratos aos animais não é outro senão a saúde e o bem-estar do próprio animal, sendo necessário reconhecer a eles a condição de sujeitos de direitos. O argumento de que esta condição não é admissível porque eles não podem reclamar seus direitos (ingressar com ação judicial, serem ouvidos em juízo) não se sustenta, porque muitos seres humanos carecem de competências linguísticas (oligofrênicos, fetos) ou nunca as terão (deficientes mentais em estágio avançado) e, apesar disso, ninguém nega a eles a condição de sujeito de direitos, sob pena de se adotar a tese de que existem vidas sem valor vital. O direito positivo argentino reconhece essa condição aos animais ao conferir-lhes a condição de vítimas, o que, considerando a data da legislação argentina – quando o debate sobre a questão não era tão vivo como no presente – se apresenta como uma intuição muito interessante.[351] (tradução do autor)

---

[351] Original: "A nuestro juicio, el bien jurídico en el delito de maltrato de animales no es outro que la salud y el bienestar del propio animal, para lo cual es menester reconocerle el carácter de sujeto de derechos. El argumento de que esto no es admisible porque no puede exigirlos (ejercer las acciones, hacerse oír judicialmente) no se sostiene, porque son muchos los humanos que carecen de capacidad de lenguaje (oligofrénicos profundos, fetos) o que nunca la tendrán (descerebrados, dementes en los últimos estadios) y, sin embargo, a nadie se le ocurre negarles este carácter, so pena de caer en la tesis de las vidas sin valor vital. La ley positiva argentina se lo reconoce al asignarle el carácter de víctima, lo cual, considerando la fecha de esta ley –en la que no era aún materia de discusión tan viva como em el presente– constituye una intuición sumamente interesante". ZAFFARONI, Eugênio Raúl. La naturaleza como persona: Pachamama y Gaia. In: VARGAS, Idón Moisés

3.3.4.4 Circo: alegria humana, tristeza animal

De origem incerta, há quem situe a origem da arte circense no mundo antigo, sobretudo na Grécia e no Egito, locais onde era comum a realização de desfiles para comemorar vitórias em batalhas e guerras. Durante tais procissões, junto com os escravos e demais bens tomados, também era normal a presença de animais exóticos, que serviam para demonstrar a distância das batalhas travadas pelos comandantes e seus exércitos.[352]

No decorrer do tempo, com a criação dos centros urbanos, o circo consolidou-se como modo de entretenimento humano, mas, em seus bastidores, ainda guarda uma realidade cruel quando conta com a apresentação de animais. Segundo Renata de Freitas Martins, diferentes espécies animais recebem distintas práticas de "amansamento". Elefantes, por exemplo, permanecem constantemente acorrentados,[353] "levam surras diárias, ficam sobre seus próprios excrementos até que passem a obedecer".[354] Leões e tigres são "acorrentados em seus pedestais e as cordas são enroladas em suas gargantas para que tenham a sensação de estarem sendo sufocados. Muitos têm suas garras arrancadas e presas extraídas ou serradas".[355] E daí se segue uma longa lista de atrocidades cometidas contra outros animais.

Daí o motivo pelo qual hodiernamente diversos grupos defendem, com veemência, o fim do uso de animais em circos. No Brasil, o Judiciário também esteve à frente da discussão sobre a crueldade e os maus-tratos contra os animais utilizados em apresentações circenses. Enfrentando casos concretos, juízes e tribunais brasileiros passaram a proferir decisões proibindo o uso de animais em circos. Significativo destacar que a vedação independe da imposição de danos físicos aos animais, bastando o mero tratamento inadequado, como prescreveu o Tribunal Regional Federal da 4ª Região:

Chivi (Org.). *Bolívia*: nueva constitución política del Estado – conceptos elementales para sudesarrollo normativo. La Paz: 2010, p. 129-132. Disponível em: <http://www.vicepresidencia.gob.bo/IMG/pdf/ncpe_cepd.pdf>. p. 111-112.

[352] MARTINS, Renata de Freitas. O respeitável público não quer mais animais em circos!. *Revista Brasileira de Direito Animal*, ano 3, n. 4, jan./dez. 2008. p. 118.

[353] A autora cita, ainda, frase atribuída a Saul Kitchener, então diretor do San Francisco Zoological Gardens, que, indagado sobre como domar um elefante, respondeu: "Como fazer para conseguir a atenção de um elefante de 5 toneladas. Surre-o. Eis como". MARTINS, Renata de Freitas. O respeitável público não quer mais animais em circos!. *Revista Brasileira de Direito Animal*, ano 3, n. 4, jan./dez. 2008. p. 122.

[354] MARTINS, Renata de Freitas. O respeitável público não quer mais animais em circos!. *Revista Brasileira de Direito Animal*, ano 3, n. 4, jan./dez. 2008. p. 122.

[355] MARTINS, Renata de Freitas. O respeitável público não quer mais animais em circos!. *Revista Brasileira de Direito Animal*, ano 3, n. 4, jan./dez. 2008. p. 122.

ANIMAIS DE CIRCO. AÇÃO CIVIL PÚBLICA. IMPLEMENTAÇÃO DE OPÇÕES DO LEGISLADOR QUANTO AO TRATO E MANTENÇA DE ANIMAIS. PROIBIÇÃO DE QUALQUER FORMA DE MAUS-TRATOS A QUALQUER ANIMAL. ILEGÍTIMA INADEQUAÇÃO DAS AÇÕES PÚBLICAS. A análise do sistema jurídico e a evolução da compreensão científica para o trato da fauna em geral, permitem concluir pela vedação de qualquer mau trato aos animais, não importando se são silvestres, exóticos ou domésticos. Por maus tratos não se entende apenas a imposição de ferimentos, crueldades, afrontas físicas, ao arrancar de garras, cerrilhar de dentes ou enjaular em cubículos. Maus-tratos é sinônimo de tratamento inadequado do animal, segundo as necessidades específicas de cada espécie. "A condenação dos atos cruéis não possui origem na necessidade de equilíbrio ambiental, mas sim no reconhecimento de que são dotados de estrutura orgânica que lhes permite sofrer e sentir dor" (STJ, Resp nº 1.115.916, Rel. Min. Humberto Martins). Evoluída a sociedade, cientifica e juridicamente, o tratamento dos animais deve ser conciliado com os avanços dessa compreensão, de modo a impor aos proprietário a adequação do sistema de guarda para respeito, o tanto quanto possível, das necessidades do animal. A propriedade do animal não enseja direito adquirido a mantê-lo inadequadamente, o que impõe a obrigação de se assegurar na custódia de animais circenses, ao menos, as mesmas condições exigíveis do chamados mantenedores de animais silvestres, mediante licenciamento, conforme atualmente previsto na IN nº 169/2008. Na ausência de recursos autárquicos e adequação da conduta pelos responsáveis, deve o órgão ambiental, contemporaneamente, dar ampla publicidade à sua atuação, convocando e oportunizando a sociedade civil auxiliar em um problema que deve, necessariamente, caminhar para uma solução. (AC nº 200670000099290, Márcio Antônio Rocha, TRF4, Quarta Turma, DE, 03 nov. 2009)[356]

Da análise do julgado conclui-se que a Corte reconheceu aos animais um valor intrínseco e, portanto, independente de questões como o equilíbrio ambiental. Merecem eles proteção pelo simples fato de serem dotados de dignidade e de serem capazes de sofrer (senciência). Com a ampliação do debate, diversos Estados-membros passaram a proibir, por meio de leis específicas, a utilização de animais em espetáculos circenses.[357]

---

[356] BRASIL. Apelação Cível nº 200670000099290, Tribunal Regional Federal da 4ª Região. Rel. Des. Márcio Antônio Rocha, Quarta Turma, DE, 03 nov. 2009.
[357] Em Goiás, recentemente, foi editada a Lei nº 18.793, de 12 de janeiro de 2015, que logo em seu artigo 1º estabelece: "Art. 1º Fica proibida, em todo o território do Estado de Goiás, a apresentação de espetáculo circense que utilize, ou tenha como atrativo, a exibição de animais de quaisquer espécies, domésticos ou silvestres, nativos ou exóticos". BRASIL. Lei nº 18.793, do Estado de Goiás, de 12 de janeiro de 2015.

3.3.4.5 O *habeas corpus* animal

O Judiciário, inclusive o Superior Tribunal de Justiça, teve a oportunidade de se deparar com outra tese de defesa animal, que sustenta o uso do *habeas corpus* (remédio constitucional inserto no artigo 5º, inciso LXVIII, da Constituição Federal de 1988, que garante o direito de liberdade de locomoção)[358] como idôneo para a defesa dos grandes primatas. Para os defensores de tal concepção, os grandes primatas possuem semelhanças umbilicais com os seres humanos,[359] inclusive sob o ponto de vista genético,[360] o que levaria à conclusão de que merecem gozar de especial proteção jurídica, podendo figurar como pacientes nas ações de *habeas corpus*.

Pois bem. Ainda em 2005, em Salvador – Bahia, o promotor de justiça Heron José de Santana Gordilho, atuante na área ambiental, impetrou *habeas corpus* em favor da chimpanzé Suíça, que vivia no Jardim Zoológico de Salvador. No caso em questão, o mérito não chegou a ser julgado pelo Poder Judiciário, em razão do falecimento da chimpanzé durante o curso do processo. Contudo, nem de longe foi a demanda inútil. Isso porque o magistrado responsável pelo caso chegou a negar a liminar pleiteada pelo impetrante, o que, ao invés de representar uma derrota para os defensores dos direitos dos animais, revelou uma verdadeira vitória, pois, para negar a liminar, primeiramente o juiz teve que admitir a petição inicial, ou seja, analisar se ela preenchia as condições necessárias ao prosseguimento da ação[361] (entre elas, obviamente, a legitimidade da paciente, no caso, a chimpanzé Suíça). Logo,

---

[358] BRASIL. Constituição da República Federativa do Brasil de 1988. "Art. 5º, inciso LXVIII - conceder-se-á habeas corpus sempre que alguém sofrer ou se achar ameaçado de sofrer violência ou coação em sua liberdade de locomoção, por ilegalidade ou abuso de poder".

[359] Capra lembra que o importantíssimo Smithsonian Institute passou a considerar os grandes macacos como pertencentes à família dos hominídeos, que, outrora, era exclusiva do homem. Nos dizeres do autor: "O Smithsonian Institute mudou o seu esquema de classificação de acordo com essa idéia. Na edição mais recente da publicação Manual Species of the World, os membros da família dos grandes macacos passaram para a família dos hominídeos, que antes era reservada somente aos seres humanos". CAPRA, Fritjof. *As conexões ocultas*: ciência para uma vida sustentável. São Paulo: Cultrix, 2002, p. 69.

[360] Interessante pesquisa publicada na reconhecida revista norte-americana *Proceedings of the National Academy of Sciences* revelou impressionante semelhança genética entre o ser humano e o chimpanzé, o que leva à possibilidade de afirmar que ambos pertencem à mesma família e ao mesmo gênero. GOODMAN, Morris et al. *Implications of natural selection in shaping 99.4% nonsynonymous DNA identity between humans and chimpanzees*: enlarging genus homo. Detroit: Wayne State University School of Medicine, 2003. Disponível em: <http://www.pnas.org/content/100/12/7181.long>.

[361] GORDILHO, Heron José de Santana; SILVA, Tragore Trajano de Almeida. Habeas corpus para os grandes primatas. *Revista do Instituto do Direito Brasileiro da Faculdade de Direito da Universidade de Lisboa – RIDB*, ano 1, n. 4, p. 2077-2114, 2012.

ao não rejeitar a petição inicial de plano, o Judiciário abriu margem para a discussão acerca da capacidade dos grandes primatas de serem tutelados por meio do *habeas corpus*.[362] Situação semelhante tramitou junto ao Superior Tribunal de Justiça nos autos do Habeas Corpus nº 96.344-SP. No caso, fora impetrado *habeas corpus* em favor de dois chimpanzés, Lili e Megh, que haviam sido transferidos do Zoológico de Fortaleza para o Santuário Caminhos da Evolução, situado no Estado de São Paulo, local filiado ao Great Apes Project (GAP), movimento internacional em defesa dos direitos dos grandes primatas.

Ocorre que os animais foram apreendidos pelo Instituto Brasileiro do Meio Ambiente – Ibama, sob o argumento de ausência das licenças ambientais devidas por parte do Santuário. No trâmite processual, o Tribunal Regional Federal da 3ª Região determinou que os animais fossem reintroduzidos na natureza. Em face de tal decisão, o proprietário do Santuário impetrou *habeas corpus* perante o Superior Tribunal de Justiça argumentando que, caso soltos na natureza, os animais acabariam falecendo, uma vez que no Brasil não existe *habitat* para essa espécie de primata,[363] bem como eles não suportariam uma viagem de retorno à África.[364] Argumentou, no *habeas corpus*, que os chimpanzés possuem direito à vida, sendo necessária a sua permanência no Santuário.

No julgamento da ação, após o Relator, Ministro Castro Meira, afirmar que não é cabível a impetração de *habeas corpus* em favor de primatas, o Ministro Herman Benjamin pediu vista para melhor analisar o caso. Do mesmo modo que no Habeas Corpus impetrado em Salvador, o simples fato de o Ministro ter formulado pedido de vista, em vez de rejeitar, de plano, a petição, caracteriza vitória dos defensores

---

[362] BRASIL. Habeas Corpus nº 833085-3/2005 da 9ª Vara Crime da Cidade do Salvador, Bahia. Juiz Edmundo Lúcio da Cruz. *Diário do Poder Judiciário*, 4 out. 2005. Restou assentado no pronunciamento judicial: "É certo que, com tal decisão inicial, admitindo o debate em relação ao assunto aqui tratado, contrariei alguns 'juristas de plantão', que se esqueceram de uma máxima do direito romano que assim preceitua: *Interpretatio in quacumque dispositione sic facienda ut verba non sint superflua et sine virtute operandi* (em qualquer disposição deve-se fazer a interpretação de modo que as palavras não sejam supérfluas e sem virtude de operar)".

[363] GORDILHO, Heron José de Santana. *Darwin e a evolução jurídica*: habeas corpus para chimpanzés. Trabalho publicado nos Anais do XVII Congresso Nacional do CONPEDI, realizado em Brasília – DF nos dias 20, 21 e 22 de novembro de 2008. Disponível em: <http://www.abolicionismoanimal.org.br/artigos/darwin.pdf>.

[364] AYALA, Patrick de Araújo. O novo paradigma constitucional e a jurisprudência ambiental do Brasil. In: CANOTILHO, J. J. Gomes; LEITE, José Rubens Morato (Org.). *Direito constitucional ambiental brasileiro*. 6. ed. São Paulo: Saraiva, 2015, p. 458.

do abolicionismo animal, demonstrando a disposição do Judiciário em discutir o tema.

Em ocasião recente, a justiça argentina, de modo pioneiro, concedeu *habeas corpus* em favor de uma chimpanzé, de nome Cecília, para que ela fosse encaminhada ao Brasil (Santuário de Grandes Primatas, em Sorocaba – SP). Vale a citação dos seguintes trechos da decisão:

> A maioria dos animais e, em particular, os grandes primatas, também são feitos de carne e osso, nascem, sofrem, bebem, brincam, dormem, possuem capacidade de abstração, quer, são gregários, etc. Assim, a categoria do sujeito como centro de imputação de regras (ou "sujeito de direito") compreende não só os seres humanos, mas também os grandes primatas – orangotangos, gorilas, bonobos e chimpanzés. [...]
> O caso aqui tratado é que, no zoológico da Província de Mendoza, reside a chimpanzé Cecilia, de 20 anos, em uma gaiola de pequenas dimensões, onde o sol brilha poucas horas por dia durante o inverno, e faz calor extremo durante o verão. Este Tribunal realizou uma inspeção surpresa ao zoológico de Mendoza e descobriu que Cecília ficava em um canto do recinto já que, somente ali, pegava sol, que o bebedouro estava vazio e que Cecilia tinha apenas alguns itens para seu entretenimento, como bolas, cordas, rodas de carro, etc. Foi possível observar a triste e dolorosa imagem de que, nas paredes da gaiola, as que eram de cimento, havia desenhos de árvores e arbustos, em uma desajeitada tentativa de imitar o habitat natural do primata. E diz-se desajeitada não porque a equipe do zoológico não cuidava do animal, mas porque escapa às possibilidades financeiras e edilícias desta sociedade, dar a Cecilia um ambiente verdadeiramente adequado [...]
> Pelo exposto, a ação de *habeas corpus* aqui tratada deve ajustar-se a preservar o direito de Cecília de viver em um meio ambiente com as condições próprias para a sua espécie.[365] (tradução do autor)

---

[365] Original:
"La mayoría de los animales y, concretamente, los grandes simios son también de carne hueso, nacen, sufren, beben, juegan, duermen, tienen capacidad de abstracción, quieren, son gregarios, etc. Así, la categoría de sujeto como centro de imputación de normas (o 'sujeto de derecho') no comprendería únicamente al ser humano sino también a los grandes simios –orangutanes, gorilas, bonobos y chimpancés [...]
El hecho que aquí nos ocupa es que en el Zoológico de la Provincia de Mendoza reside la chimpancé Cecilia de 20 años de edad en una jaula de pequeñas dimensiones, donde el sol da en pocas horas del día durante el invierno y acecha calor extremo durante el verano. Este Tribunal realizó una inspección sorpresiva al zoo de Mendoza y constató que Cecilia se encontraba en un rincón del recinto dado que allí –únicamente- daba el sol, que el bebedero ubicado en el recinto estaba vacío y Cecilia contaba con unos pocos elementos como pelotas, sogas, ruedas de automóvil, etc., para su entretenimiento. Sin embargo, se pudo observar la triste y penosa imagen de que en las paredes de la jaula, las que eran de cemento, existían dibujos de árboles y arbustos, intentando torpemente imitar el habitat natural del simio. Y se dice torpemente no porque el personal del zoológico no

3.3.4.6 Cobaias – o uso de animais em experimentos

Tema polêmico e que, igualmente, enseja acalorada discussão, diz respeito à utilização de animais em experimentos, seja para fins estéticos, seja com finalidade medicinal.[366] No mundo, a tendência é a de banir essa prática, exatamente pela crueldade e sofrimento que os testes infligem aos animais.[367] O Judiciário, em determinadas situações, já teve a oportunidade de se manifestar sobre a questão, proibindo a utilização dos animais, mormente quando existir outro meio (ainda que mais oneroso economicamente) para a realização dos testes.[368]

---

haya cuidado del animal sino porque escapa a las posibilidades financieras y edilicias de esta sociedad, otorgarle a Cecilia un ambiente realmente adecuado. [...]
Así las cosas, la acción de habeas corpus, en el caso que nos ocupa, ha de ajustarse estrictamente a preservar el derecho de Cecilia a vivir en un medio ambiente y en las condiciones propias de su espécie" (*Revista Brasileira de Direito Animal*, v. 11, n. 23, p. 175-211, set./dez. 2016).

[366] Em nível acadêmico, proliferam artigos e estudos defendendo o fim da experimentação animal, em defesa de uma revisão da concepção antropocêntrica de entender o mundo. É salutar perceber que dentre os articulistas estão indivíduos ligados aos Poderes do Estado e que, portanto, têm a capacidade de colocar a teoria em prática. A exemplo, artigo versando sobre experimentos realizados em cachorros *beagle*, no Instituto Royal, em São Roque – SP, escrito pelo magistrado goiano Eduardo Perez Oliveira, no qual defende a necessidade de se adotar uma visão biocêntrica, com o reconhecimento de direitos aos animais não humanos. OLIVEIRA, Eduardo Perez. Uns beagles e umbigos: (re)pensando o valor da dignidade da vida. *Revista Jurídica Consulex*, ano XVIII, n. 415, 1º maio 2014, p. 50.

[367] Na Europa, já em 2003, foi editada a Diretiva 2003/15/CE, do Parlamento Europeu e do Conselho, de 27 de fevereiro de 2003, estabelecendo a eliminação progressiva do uso de animais em experimentos cosméticos. Em 11 de março de 2013, a Diretiva atingiu sua data limite, de modo que, desde então, está proibida a utilização de animais em todos os produtos cosméticos comercializados na União Europeia. ALBUQUERQUE, Letícia; RODRIGUES, Terla Bica. União Europeia: fim da experimentação animal?. *Revista Brasileira de Direito Animal*, v. 10, n. 18, p. 45-54, jan./abr. 2015. Também em Israel, desde janeiro de 2013, está proibida a comercialização de produtos cosméticos testados em animais (<http://www.peta.org/blog/israel-bans-animal-tested-products/>), assim como na Índia (<https://www.abihpec.org.br/2014/10/india-proibe-importacao-de-cosmeticos-testados-em-animais/>). *De igual modo ocorre na Índia, sendo proibido o uso para fins de testes cosméticos. Klevenhusen e Chalfun apontam, no que tange à utilização para fins acadêmicos (uso em experimentos no âmbito das Universidades), que diversas são as instituições de renome que já aboliram o uso de animais vivos em aulas, a exemplo das escolas de medicina de Cambridge e Oxford, na Inglaterra, e das Universidades de Columbia, Harvard, Yale, John Hopkins, Standford, dentre várias outras nos Estados Unidos. Estima-se que, nos EUA, mais de 70% das escolas de medicina deixaram de utilizar animais vivos. Já na Alemanha chega-se a 100%.* KLEVENHUSEN, Renata Braga; CHALFUN, Mery. Pela não reificação dos animais: a caminho da concretização do Estado Constitucional Ecológico. *Revista Brasileira de Direito Animal*, ano 2014, v. 9, n. 16, maio/abr. p. 171.

[368] Na Colômbia, em decisão recente proferida no ano de 2013, o Conselho de Estado anulou atos administrativos que concediam licença para a captura e realização de experimentos em primatas que tinham por objetivo desenvolver uma vacina contra a malária, como bem discorre Contreras em: CONTRERAS, Carlos Andrés López. A utilização de primatas em pesquisas contra a malária: comentários sobre o acórdão do Conselho de Estado

A exemplo, a justiça federal de primeira instância de Santa Catarina deferiu liminar em Ação Civil Pública proposta pelo Instituto Abolicionista Animal contra a Universidade Federal de Santa Catarina, proibindo a utilização, pela entidade educacional, de animais em cirurgias experimentais ou fins terapêuticos. Ao se manifestar, a Universidade alegou que carecia de recursos para realizar os experimentos por outros meios, mas, ao analisar os argumentos, o magistrado entendeu que a reserva do possível não poderia ser utilizada como justificativa para a crueldade contra os animais. Ao deferir a liminar, assim se manifestou o juiz:

> Assim sendo, a Universidade deverá providenciar meios alternativos, tais como bonecos, que deverão ser adquiridos para possibilitar a cirurgia experimental. O Princípio da Reserva do Possível somente pode ser aplicado quando existente um bem jurídico a ser preservado. No caso concreto, a Universidade está a economizar seus recursos para, em troca, dar tratamento cruel aos animais, utilizando-os em experiências científicas ou terapêuticas.
>
> Neste sentido, não existe justificativa plausível no caso concreto para que a Universidade continue a dar tratamento cruel aos animais. Cabe ao ente público reservar uma parte do orçamento para a compra de equipamentos necessários aos experimentos científicos e cirurgias médicas experimentais e terapêuticas, tais como acontece nos países desenvolvidos, como Estados Unidos e Inglaterra.
>
> Assim, existe a plausibilidade do direito da autora, bem como o perigo de dano irreparável, consistente na continuidade do tratamento cruel e morte de dezenas de animais, enquanto bastaria um pequeno investimento para aquisição de materiais próprios para a realização da cirurgia experimental, tal como ocorre nas principais universidades americanas.[369]

Posteriormente, ao analisar o mérito do caso, o magistrado assim sentenciou:[370]

Colombiano, de 26 de novembro de 2013. *Revista Brasileira de Direito Animal*, v. 10, n. 18, jan./abr. 2015, p. 15-43.

[369] BRASIL. Ação Civil Pública nº 5009684-86.2013.404.7200/SC, 6ª Vara Federal da Seção Judiciária de Santa Catarina. Disponível em: <www.jfsc.jus.br>.

[370] Apesar do vanguardismo da magistratura de primeiro grau, o Tribunal Regional Federal da 4ª Região, ao julgar a apelação interposta pela Universidade, deu a ela provimento, reformando a sentença, por entender que os experimentos levados a efeito observavam o disposto na Lei nº 11.794, de 08 de outubro de 2008, que regulamentou o uso de animais para fins científicos. Falta no Brasil uma legislação nacional que proíba, de modo firme, o uso de animais em experimentos.

Ante o exposto, *julgo parcialmente procedente o pedido da autora* para determinar que a ré, responsável pelo departamento de Medicina, se abstenha de utilizar cães ou quaisquer outros animais em aulas didáticas, técnicas cirúrgicas ou procedimentos experimentais no referido departamento, concedendo o prazo de 90 dias para que a Universidade adquira os equipamentos necessários. Até o dia 02 de outubro de 2013 a Universidade poderá usar apenas ratos e com anestesia para o ensino da Medicina, devendo após tal data abolir por completo qualquer utilização de animais, sob pena de aplicação de multa de R$5.000,00 (cinco mil reais) para cada animal utilizado.[371]

Do exposto no presente tópico é preciso perceber que, sob a égide da Constituição Federal de 1988, o Poder Judiciário brasileiro tem aberto as portas para uma discussão mais profunda acerca do estatuto jurídico do meio ambiente e dos demais seres vivos, indo além da mera proteção do equilíbrio ecológico para albergar, também, os direitos dos animais individualmente considerados.

4 Por uma Constituição Gaia: necessidade de reformulações constitucionais

O ordenamento jurídico brasileiro, ao longo de seus mais de quinhentos anos, muito evoluiu no que tange à questão ambiental. Das legislações de caráter privatístico, que sequer consideravam o meio ambiente como objeto autônomo de direitos, aos diplomas legais fragmentários que passaram a tutelar determinados nichos da natureza, notadamente os dotados de importância econômica, chega-se à Constituição Federal de 1988, responsável por diversas e importantes mudanças. Sob a égide da Carta de Outubro, o meio ambiente passou a ser visto e protegido a partir de uma concepção holística e não mais fragmentária, reconhecendo-se que o equilíbrio ecológico do meio ambiente somente é possível com uma tutela da natureza como um todo, já que os diversos aspectos ecológicos se encontram interligados por uma complexa rede de interconexões.

Além disso, a Constituição Cidadã elevou o meio ambiente ecologicamente equilibrado à condição de direito fundamental, ofertando-lhe todos os privilégios e prerrogativas de tal reconhecimento, entre eles o poder de conformação da ordem jurídica, a função de vetor

---

[371] BRASIL. Ação Civil Pública nº 5009684-86.2013.404.7200/SC, 6ª Vara Federal da Seção Judiciária de Santa Catarina. Disponível em: <www.jfsc.jus.br>.

interpretativo do direito pátrio, a irrenunciabilidade, a imprescritibilidade e a inalienabilidade.

Indo adiante, a Carta, com amparo na doutrina filosófica de Hans Jonas, reconheceu que o direito fundamental ao meio ambiente ecologicamente equilibrado alcança não só as presentes gerações, mas, em verdade, transcende as amarras do tempo para atingir as gerações vindouras, sendo necessário que as políticas públicas observem tal prescrição.

Todavia, apesar de consideráveis, os avanços promovidos pela Constituição ainda não foram capazes de alterar o fio condutor antropocêntrico que, desde os primórdios, marca a legislação nacional. Isso porque continuou a tratar a natureza como objeto de direitos e não como sujeito, ou seja, não se reconheceu ao meio ambiente (basta ver que a expressão utilizada ainda traduz o ideário antropocêntrico de que tudo é meio, e somente o homem é fim) um valor intrínseco independente do ser humano.

Do mesmo modo, não se reconheceu expressamente nenhum direito próprio dos demais seres vivos, sendo esses protegidos, quando muito, em função do próprio ser humano. Nesse contexto, a Constituição de 88 ainda não foi capaz de implementar no país um verdadeiro Estado Constitucional Ecológico, ficando aquém das Cartas emergidas do novo constitucionalismo latino-americano, que, a exemplo da Constituição equatoriana, reconhecem a independência da natureza enquanto sujeito autônomo de direitos.[372]

É preciso, pois, que o constitucionalismo brasileiro continue a avançar,[373] de modo que o desenvolvimento da questão jurídico-ambiental leve à adoção de uma Constituição Gaia, aqui denominada como

---

[372] Todavia, é preciso lembrar que a Constituição brasileira foi editada vinte anos antes da emersão das Cartas do novo constitucionalismo latino-americano, sendo necessário reconhecer que, à época, ela realmente representou um salto na tutela ambiental.

[373] Em menos de duzentos anos desde a primeira Constituição outorgada em terras brasileiras, o nosso constitucionalismo evoluiu, e muito, passando a reconhecer direitos para indivíduos que, antes, eram tratados como meros objetos. Lembre-se, a título de exemplo, que há pouco mais de cem anos ainda vigia em nosso país o regime da escravidão, sendo comum encontrar em jornais anúncios como os seguintes: "Vende-se um mulato de 22 anos de idade, bom alfaiate e bom boleeiro, e um negro também do mesma idade, que cozinha muito bem, e coze, de muito boa conducta, e outra negra de 22 annos, que cozinha muito bem: rua do Livramento, n. 4" (sic); "Fugio desde o dia 13 de agosto do corrente anno o escravo Luiz, com os signaes seguintes: alto e bem feito de corpo, tem dentes limados e perfeitos e o dedo mínimo do pé cortador: quando falla com mêdo é bastante Este escravo é natural do Sobral e ha toda certeza que seguio para dito lugar por terra. pede-se portanto a sua apprehensão a qualquer pessoa, que será bem recompensado: a entender-se com o seu senhor na rua Direita n. 112, ou na rua de Apollo n. 43, armazén de assucar" (sic). FREYRE, Gilberto. Os escravos nos anúncios de jornais brasileiros do século XIX. 4. ed. São Paulo: Global, 2010, p. 46-47.

aquela fundada em uma concepção biocêntrica de mundo, com coragem suficiente para reconhecer o homem como apenas uma parte do todo, um dos componentes da natureza, mais um animal em meio a diversas outras espécies também merecedoras de respeito e consideração.

Assim, defende-se uma Constituição que, indo além do próprio constitucionalismo andino, reconheça não só a natureza (coletivamente considerada) como detentora de direitos autônomos, mas também os demais seres vivos sencientes,[374] que, por serem capazes de sentir (e, inclusive, de raciocinar), devem gozar de direitos próprios e independentes de qualquer conexão com os direitos do homem. Uma Carta, portanto, que não trate o meio ambiente como direito fundamental do homem, aliás, que nem se utilize mais de tal expressão, e que reconheça na natureza direitos fundamentais dela própria, assim como nos demais seres vivos.

Não há, no mundo, notícias de uma Constituição nesses moldes, pois, como visto, mesmo as Cartas andinas reconhecem direitos somente à natureza enquanto um todo, e não especificamente a cada um de seus componentes individualmente considerados (não há, na realidade, o reconhecimento dos animais como sujeitos de direitos). Representaria ela, portanto, um verdadeiro *turning point*[375] não só no direito brasileiro, mas também no mundial.

É preciso passar da utopia do Estado Constitucional Ecológico à sua concretização, da teoria à prática[376] e, nesse esteio, parece ser o

---

[374] O destaque da senciência é importante, pois, como se sabe, o mundo é composto por uma rede variadíssima de seres vivos, de bactérias aos grandes mamíferos, razão pela qual, logicamente, não se defende a extensão de direitos a todo e qualquer ser vivo (o que representaria um extremismo de pouca ou nenhuma efetividade), mas sim aos animais que possuem a capacidade de experimentar sensações, logo, dotados de senciência. Sobre o tema, vale conferir: CASTRO, Marcos Augusto Lopes de. Classificação ontológico-normativa dos animais. *Revista Brasileira de Direito Animal*, ano 4, n. 5, jan./dez. 2009, p. 159-182.

[375] Em alusão à expressão utilizada pelo jurista norte-americano Bruce Ackerman para designar momentos decisivos de mudanças profundas na ordem jurídico-constitucional e na própria formatação da estrutura estatal. ACKERMAN, Bruce. *The decline and fall of the american republic*. Cambridge, Massachusetts: The Belknap Press of Harvard University Press, 2010, p. 3.

[376] Afinal, como disse o otimista Jeremy Bentham: "[...] houve um tempo – lamento dizer que em muitos lugares ainda não passou – no qual a maior parte da nossa espécie, sob a denominação de escravos, foram tratados pela lei exatamente no mesmo pé que, por exemplo, na Inglaterra, as raças animais inferiores ainda são tratadas hoje. Pode vir o dia em que o resto da criação animal adquira aqueles direitos que nunca lhes deveriam ter sido tirados, se não fosse por tirania. Os franceses já descobriram que a cor preta da pele não constitui motivo algum pelo qual um ser humano possa ser entregue, sem recuperação, ao capricho do verdugo. (ver o Código Negro de Luís XIV). Pode chegar o dia em que se reconhecerá igualmente insuficientes para abandonar um ser sensível à mesma sorte.

Poder Judiciário aquele que, na República Federativa do Brasil, vem exercendo o papel de maior vanguarda, saindo à frente das demais instituições no que tange ao reconhecimento e proteção da natureza e dos animais não humanos. Nos termos expostos, enquanto determinados entes federativos editam e defendem leis claramente abusivas, que desconsideram por completo tudo o que não seja humano, o Judiciário mostra-se como a trincheira de defesa do biocentrismo em face dos ataques antropocêntricos.

Duas, basicamente, são as formas de se chegar àquilo que se denomina de Constituição Gaia: a partir de reformas constitucionais formais; por meio de reformas informais (de cunho interpretativo) de dispositivos constitucionais já positivados.

Para a adoção da primeira opção, talvez a mais lembrada e evidente, caberia ao Poder Constituinte Derivado Reformador alterar o texto constitucional, introduzindo, expressamente, a natureza e os demais seres vivos sencientes como sujeitos autônomos de direitos, e reconhecendo neles um valor intrínseco independente do ser humano. Obviamente, nem todos os direitos fundamentais a eles aplicar-se-iam, sendo necessário adotar, para a natureza e para os demais seres vivos, uma fórmula semelhante àquela feita para as pessoas jurídicas, que, nos moldes constitucionais, é dotada de direitos fundamentais na medida em que tais direitos sejam adequados à sua realidade.

Na segunda opção, possivelmente menos traumática do ponto de vista procedimental, caberia ao Poder Judiciário, que, repisa-se, já vem demonstrando pioneirismo no tema, alterar, pela via interpretativa, concepções já arraigadas no imaginário jurídico nacional. Uma das possibilidades seria a mutação constitucional[377] do termo "todos", encontrado por diversas vezes no texto constitucional, em especial no

---

Que outro fator poderia demarcar a linha divisória que distingue os homens dos outros animais? Seria a faculdade de raciocinar, ou talvez a de falar? Todavia, um cavalo ou um cão adulto é incomparavelmente mais racional e mais social e educado que um bebê de um dia, ou de uma semana, ou mesmo de um mês. Entretanto, suponhamos que o caso fosse outro: mesmo nesta hipótese, que se demonstraria com isso? O problema não consiste em saber se os animais podem raciocinar; tampouco interessa se falam ou não; o verdadeiro problema é este: podem eles sofrer?". BENTHAM, Jeremy. *Uma introdução aos princípios da moral e da legislação*. Tradução de Luiz João Baraúna. 2. ed. São Paulo: Abril Cultural, 1979, p. 63.

[377] O instituto também é conhecido como "vicissitude constitucional tácita", "processo informal de mudança da Constituição", "mudança constitucional silenciosa", "processo de fato de mudança constitucional", entre outros, tendo origem no termo alemão "verfassungswandlung". SOUZA NETO, Cláudio Pereira de; SARMENTO, Daniel. *Direito constitucional*: teoria, história e métodos de trabalho. Belo Horizonte: Fórum, 2013, p. 339.

caput do artigo 5º[378] e no *caput* do artigo 225,[379] de modo que o termo passasse a albergar, também, a natureza e os demais animais sencientes, o que garantiria a mudança de seu *status* jurídico de objeto para sujeito de direitos. A mutação constitucional, como ensina Sarmento:

> [...] consiste em processo informal de mudança da Constituição que ocorre quando surgem modificações significativas nos valores sociais ou no quadro empírico subjacente ao texto constitucional, que provocam a necessidade de adoção de uma nova leitura da Constituição ou de algum dos seus dispositivos.[380]

Foi através dessa técnica de alteração qualitativa que, ao longo dos tempos, diversos grupos foram sendo incluídos na categoria constitucional de sujeito de direitos, sobretudo quando se analisa o ordenamento norte-americano, cuja Constituição remonta ao ano de 1787. A exemplo, a mutação constitucional, e não alterações formais, foi a grande responsável, nos Estados Unidos, pelo fim do regime de escravidão e pela inserção das mulheres e dos negros como detentores plenos dos direitos fundamentais constitucionais, entre outros importantes avanços civilizatórios.[381]

---

[378] BRASIL. *Constituição da República Federativa do Brasil de 1988*. "Art. 5º Todos são iguais perante a lei, sem distinção de qualquer natureza, garantindo-se aos brasileiros e aos estrangeiros residentes no País a inviolabilidade do direito à vida, à liberdade, à igualdade, à segurança e à propriedade, nos termos seguintes".

[379] BRASIL. *Constituição da República Federativa do Brasil de 1988*: "Art. 225. Todos têm direito ao meio ambiente ecologicamente equilibrado, bem de uso comum do povo e essencial à sadia qualidade de vida, impondo-se ao Poder Público e à coletividade o dever de defendê-lo e preservá-lo para as presentes e futuras gerações".

[380] SOUZA NETO, Cláudio Pereira de; SARMENTO, Daniel. *Direito constitucional*: teoria, história e métodos de trabalho. Belo Horizonte: Fórum, 2013, p. 339.

[381] Para perceber a importância da mudança constitucional pela via interpretativa, é interessante notar que, nos Estados Unidos da América, sob a égide da mesma Constituição, a Suprema Corte inicialmente invalidou normas que conferiam direitos aos negros, defendendo, assim, a escravidão, como nos emblemáticos casos Dred Scott vs. Sandford, julgado pela Suprema Corte dos EUA em 1857, e Plessy vs. Ferguson, julgado em 1896. Quase cem anos depois, a Suprema Corte passou a combater a escravidão, invalidando leis que segregavam os negros dos brancos, como em Brown vs. Board of Education, julgado em 1954. Assim também ocorreu com os direitos trabalhistas, tendo a Corte inicialmente adotado uma postura conservadora, em defesa do Estado Liberal, invalidando normas que tutelassem as relações de trabalho para conferir direitos aos empregados, como no caso Lochner vs. New York, julgado em 1905. Logo depois, a partir de 1908, com o caso Muller vs. Oregon, a Suprema Corte passou a defender as proteções especiais ao trabalhador concedidas pela legislação. BARROSO, Luís Roberto. *Neoconstitucionalismo e constitucionalização do direito*: o triunfo tardio do direito constitucional no Brasil. Disponível em: <http://www.luisrobertobarroso.com.br/wp-content/themes/LRB/pdf/neoconstitucionalismo_e_constitucionalizacao_do_direito_pt.pdf>.

No Brasil, até mesmo pelas constantes edições de novas Constituições, o instituto da mutação constitucional ainda passa pouco percebido pela doutrina e pela jurisprudência, salvo em discussões pontuais. Afinal, parece que o Poder Público pátrio prefere a reforma formal à informal, o que se observa pelo fato de que, em apenas vinte e sete anos de Constituição, esta já sofreu mais de noventa emendas advindas do Poder Constituinte Derivado Reformador, além das seis emendas da revisão de 1994. Contudo, em determinadas questões, a mutação constitucional mostrou-se útil, exatamente em casos envolvendo a inclusão de minorias no catálogo de proteção dos direitos fundamentais, como no caso da Ação Direta de Inconstitucionalidade nº 4.277,[382] e da Arguição de Descumprimento de Preceito Fundamental nº 132,[383] que reconheceram a união estável homoafetiva, promovendo verdadeira alteração informal do artigo 226, §3º, da Constituição Federal.

Logo, seja pela via formal de reforma, seja pela informalidade interpretativa da mutação, deve o Brasil seguir rumo à adoção de uma Constituição Gaia, que respeite e reconheça a natureza e os demais seres vivos como dotados de relevância própria,[384] titulares de direitos autônomos e independentes de qualquer relação com o ser humano.

---

[382] BRASIL. Ação Direta de Inconstitucionalidade nº 4.277/DF, Supremo Tribunal Federal, Tribunal Pleno, Rel. Min. Carlos Ayres Britto, julgada em 05.05.2011, DJe 198, 14 out. 2011. Disponível em: <www.stf.jus.br>.

[383] BRASIL. Arguição de Descumprimento de Preceito Fundamental nº 132/RJ, Supremo Tribunal Federal, Tribunal Pleno, Relator Ministro Carlos Ayres Britto, julgada em 05.05.2011, DJe 198, 14 out. 2011. Disponível em: <www.stf.jus.br>.

[384] Afinal, se há menos de um século e meio pensar em negros e brancos dividindo os mesmos espaços públicos era considerado inadmissível, espera-se que, em pouco tempo, o direito evolua para continuar a alargar o conceito jurídico de pessoa, passando a albergar também os demais seres vivos não humanos. ZAFFARONI, Eugênio Raúl. La naturaleza como persona: Pachamama y Gaia. In: VARGAS, Idón Moisés Chivi (Org.). Bolívia: nuevaconstitución política del Estado – conceptos elementales para su desarrollo normativo. La Paz: 2010, p. 129-132. Disponível em: <http://www.vicepresidencia.gob.bo/IMG/pdf/ncpe_cepd.pdf>.

CONCLUSÕES

Apesar de sua história na Terra ser recente, o homem já foi capaz de alterar, significativamente, o mundo do qual faz parte, gerando impactos profundos na natureza e nos demais seres vivos, ao ponto de sua presença ser considerada um divisor de águas para a história do planeta, sendo que a intensidade do impacto antrópico está associada à forma como o homem enxerga a si próprio e os demais elementos do mundo natural.

Em tempos passados, no cenário pré-moderno, predominou uma visão holística e macrocósmica de mundo, através da qual o homem se via integrado a um todo maior do que ele próprio, ou seja, enxergava-se apenas como um membro do cosmos e não como um todo à parte. A modernidade, com a filosofia iluminista, altera profundamente a concepção de mundo até então existente, adotando uma visão individualista e antropocêntrica, tornando o homem o único sujeito digno de direitos, o que justificou a exploração predatória do meio ambiente.

A pós-modernidade aproveita os abalos sofridos pelas estruturas de pensamento edificadas pelo iluminismo para promover uma verdadeira virada estoica e retomar, sob uma perspectiva científica, a visão holística e macrocósmica da pré-modernidade, situando o homem novamente como apenas um dos elementos da natureza, e não como o único fim em si mesmo, e possibilitando, no campo jurídico, o reconhecimento da natureza e de outros seres como sujeitos de direitos, e não mais como meros objetos.

No campo jurídico, o constitucionalismo, movimento de limitação do poder absoluto, desenvolveu-se de diferentes formas ao redor do mundo, não havendo, assim, um único constitucionalismo, mas sim diversos.

No Estado liberal, o constitucionalismo trouxe consigo a visão individualista própria do iluminismo, instalando uma concepção mecanicista de Estado com clara valorização do indivíduo em detrimento da comunidade. Nesse contexto, o meio ambiente e os demais seres vivos ficaram praticamente excluídos do âmbito de proteção dos princípios e instrumentos jurídicos (declarações de direitos) da época, o que permitiu a exploração desmedida do meio ambiente.

As consequências da ação predatória do homem fez renascer, já no seio do Estado social, a preocupação com o meio ambiente, que passou a integrar os direitos de terceira dimensão e a ser tratado como um objeto de direitos, e não mais como um nada jurídico.

No século XXI, o novo constitucionalismo latino-americano rompe as barreiras do movimento tradicional, superando os dogmas impostos pela modernidade, em especial o do antropocentrismo, para conferir à natureza, pela primeira vez na história, a condição de sujeito autônomo de direitos, em franco reconhecimento ao seu valor intrínseco, apesar de não reconhecer direitos aos animais não humanos individualmente considerados, mas sim à natureza como um todo, contemplada em seu conjunto. O meio ambiente vai, dessa feita, de um nada jurídico a sujeito de direitos.

No Brasil, a tutela jurídica do meio ambiente passou, em seu trajeto histórico, por basicamente três etapas. A individualista, com uma legislação incipiente no que tange à proteção ambiental. Na fragmentária, já com o reconhecimento do valor econômico e da necessidade de tutelar determinados segmentos da natureza, o ordenamento avança para reconhecer, como objeto de direitos, determinados fragmentos do mundo natural, notadamente aqueles tidos como fontes de recursos. Já sob a égide da Constituição Federal de 1988, inaugura-se a fase holística de proteção, com o reconhecimento do meio ambiente como um todo interligado e inter-relacionado, reconhecido como objeto autônomo de direitos.

O incremento do *status* jurídico do meio ambiente conferido pela Constituição de 1988 pode ser visto com clareza quando se percebe que o constituinte o elevou à posição de direito fundamental e, com isso, a ele outorgou um plexo de garantias especiais. Além disso, enquanto direito fundamental, o meio ambiente ecologicamente equilibrado passa a irradiar seus efeitos para os demais diplomas normativos, servindo também como vetor interpretativo da legislação infraconstitucional e como valor informador e conformador da ordem constitucional (transversalidade do meio ambiente).

Vê-se, ainda, que a Constituição de 1988, recepcionando a teoria filosófica de Hans Jonas, situa como titulares do direito fundamental ao meio ambiente ecologicamente equilibrado não só as presentes gerações, como também as futuras, consagrando, em sede constitucional, os princípios da responsabilidade e da solidariedade intergeracional.

Sob a vigência desse novo modelo de proteção ambiental inaugurado pela Constituição Cidadã, o Poder Judiciário vem se portando como vanguardista, não só reforçando o que já está expresso na Constituição, mas também garantindo especial proteção aos animais não humanos individualmente considerados. Ainda que sem abandonar a concepção antropocêntrica, é o Judiciário, entre os Poderes da República, o que mais avança na tutela dos demais seres vivos, contribuindo para a superação da clássica visão doutrinária e legal que entende os animais como coisas, objetos, abrindo caminho para uma nova forma de pensar que os reconheça como verdadeiros sujeitos dignos de especial proteção jurídica.

Apesar do enorme avanço promovido pela Constituição Federal de 1988, não foi ela capaz, ainda, de transpor o antropocentrismo, uma vez que o meio ambiente ainda é considerado como um direito fundamental do homem, ou seja, um objeto de direitos humanos. Não se chegou ao ponto de, como fizeram as Constituições emergidas do novo constitucionalismo latino-americano, reconhecer valores intrínsecos à natureza, respeitando-a não pelo que ela representa ao homem, mas sim pelo que ela é por si própria.

É preciso, pois, seja pela via de reforma formal, seja pela mutação constitucional, avançar rumo à adoção daquilo que se denominou, no presente trabalho, de Constituição Gaia, ou seja, uma Carta que reconheça a natureza como sujeito autônomo de direitos, mas que, ainda, vá além do constitucionalismo andino, para reconhecer também como sujeitos os demais seres vivos não humanos e dotados de senciência. Defende-se uma Carta que reconheça que todos – homem, natureza, e demais seres vivos – são merecedores da tutela jurídica e devem ser considerados como sujeitos de direitos.

REFERÊNCIAS

ACKERMAN, Bruce. *The decline and fall of the american republic*. Cambridge, Massachussets: The Belknap Press of Harvard University Press, 2010.

ALBUQUERQUE, Letícia; RODRIGUES, Terla Bica. União Europeia: fim da experimentação animal?. *Revista Brasileira de Direito Animal*, v. 10, n. 18, jan./abr. 2015.

ALCORÃO. Português. Tradução de Mansour Challita. Rio de Janeiro. Associação Cultural Internacional Gibran, 1995.

ALVES, Alaôr Caffé. A função ideológica do direito na sociedade moderna. In: CLÈVE, Clèmerson Merlin; BARROSO, Luis Roberto (Org.). *Doutrinas essenciais de direito constitucional*. v. II. São Paulo: Revista dos Tribunais, 2011.

ARISTÓTELES. *A política*. Tradução de Roberto Leal Ferreira. São Paulo: Martins Fontes, 2002.

AURÉLIO, Marco. *Meditações*. Tradução de Alex Marins. 3. ed. São Paulo: Martin Claret, 2012.

AYALA, Patrick de Araújo. O novo paradigma constitucional e a jurisprudência ambiental do Brasil. In: CANOTILHO, J. J. Gomes; LEITE, José Rubens Morato (Org.). *Direito constitucional ambiental brasileiro*. 6. ed. São Paulo: Saraiva, 2015.

BACON, Francis. *Novum organum ou verdadeiras indicações acerca da interpretação da natureza*. Tradução de José Aluysio Reis de Andrade. Disponível em: <http://www.dominiopublico.gov.br/>.

BARBOSA, Carla Gonçalves Antunha; BARBOSA, João Mítia Antunha; BARBOSA, Marco Antônio. Direito à diferença na sociedade da informação: os direitos indígenas na Constituição brasileira. In: CLÈVE, Clèmerson Merlin; BARROSO, Luis Roberto (Org.). *Doutrinas essenciais de direitos humanos*. v. IV. São Paulo: Revista dos Tribunais, 2011.

BARROSO, Luís Roberto. *Neoconstitucionalismo e constitucionalização do direito*: o triunfo tardio do direito constitucional no Brasil. Disponível em: <http://www.luisrobertobarroso.com.br/wpcontent/themes/LRB/pdf/neoconstitucionalismo_e_constitucionalizacao_do_direito_pt.pdf>.

BATTESTIN, Cláudia; GHIGGI, Gomercindo. O princípio da responsabilidade de Hans Jonas: um princípio ético para os novos tempos. *Thaumazein*, Santa Maria, ano III, n. 6, p. 69-85, out. 2010.

BENJAMIN, Antônio Herman. Constitucionalização do ambiente e ecologização da Constituição brasileira. In: CANOTILHO, J. J. Gomes; LEITE, José Rubens Morato (Org.). *Direito constitucional ambiental brasileiro*. 6. ed. São Paulo: Saraiva, 2015.

BENTHAM, Jeremy. *Uma introdução aos princípios da moral e da legislação*. Tradução de Luiz João Baraúna. 2. ed. São Paulo: Abril Cultural, 1979.

BÍBLIA SAGRADA. Português. Tradução de João Ferreira de Almeida. São Paulo: Sociedade Bíblica do Brasil, 1995.

BOFF, Leonardo. *Saber cuidar*: ética do humano, compaixão pela terra. Petrópolis: Vozes, 1999.

BOFF, Leonardo. *Sustentabilidade*: o que é – o que não é. Petrópolis: Vozes, 2012.

BONAVIDES, Paulo. *Ciência política*. 10. ed. São Paulo: Malheiros, 2000.

BONAVIDES, Paulo. *Curso de direito constitucional*. 15. ed. São Paulo: Malheiros, 2004.

BONAVIDES, Paulo. *Do Estado liberal ao Estado social*. 8. ed. São Paulo: Malheiros, 2007.

BOURDIEU, Pierre. *O poder simbólico*. Tradução de Fernando Tomaz. Rio de Janeiro: Bertrand Brasil, 1989.

CANDIDO, Maria Regina. *Mitologia germano-escandinava*: do chaos ao apocalipse. Rio de Janeiro: NEA/UERJ, 2007.

CANOTILHO, J. J. Gomes. *Direito constitucional e teoria da Constituição*. 7. ed. Portugal: Almedina, 2003.

CANOTILHO, J. J. Gomes. Estado constitucional ecológico e democracia sustentada. In: GRAU, Eros Roberto; CUNHA, Sérgio Sérvulo da (Org.). *Estudos de direito constitucional em homenagem a José Afonso da Silva*. São Paulo: Malheiros, 2003.

CAPRA, Fritjof. *O ponto de mutação*. Tradução de Álvaro Cabral. 27. ed. São Paulo: Cultrix, 2006.

CAPRA, Fritjof. *A teia da vida*: uma nova compreensão científica dos sistemas vivos. Tradução de Newton Roberval Eichemberg. São Paulo: Cultrix, 1996.

CAPRA, Fritjof. *As conexões ocultas*: ciência para uma vida sustentável. São Paulo: Cultrix, 2002.

CARBONELL, Miguel. *Neoconstitucionalismo(s)*. 4. ed. Madri: Editorial Trotta, 2009.

CASTRO, Marcos Augusto Lopes de. Classificação ontológico-normativa dos animais. *Revista Brasileira de Direito Animal*, ano 4, n. 5, jan./dez. 2009.

CAVALIERI FILHO, Sérgio. *Programa de responsabilidade civil*. 6. ed. São Paulo: Malheiros, 2006.

CHALFUN, Mery. Animais humanos e não-humanos: princípios para solução de conflitos. *Revista Brasileira de Direito Animal*, ano 4, n. 5, jan./dez. 2009.

COMISSÃO MUNDIAL SOBRE O MEIO AMBIENTE E DESENVOLVIMENTO. *Nosso futuro comum*. 2. ed. Rio de Janeiro: Fundação Getulio Vargas, 1991.

COMPARATO, Fábio Konder. *A afirmação histórica dos direitos humanos*. 8. ed. São Paulo: Saraiva, 2013.

CONSTANT, Benjamin. A liberdade dos antigos comparada com a dos modernos. *Revista Filosofia Política*, Porto Alegre, n. 2, 1985.

CONTRERAS, Carlos Andrés López. A utilização de primatas em pesquisas contra a malária: comentários sobre o acórdão do Conselho de Estado Colombiano de 26 de novembro de 2013. *Revista Brasileira de Direito Animal*, v. 10, n. 18, jan./abr. 2015.

COULANGES, Numa Denis Fustel de. *A cidade antiga*. Tradução de Roberto Leal Ferreira. São Paulo: Martin Claret, 2010.

CRUTZEN, Paul J.; STOERMER, Eugene F. The "anthropocene". In: *The International Geosphere-Biosphere Programme (IGPB) – A Study of Global Change of the International Council for Science (ICSU)*. Newsletter n. 41, 2000.

DARWIN, Charles. *A origem das espécies*. Tradução de Eduardo Fonseca. São Paulo: Hemus Livraria Editora.

DESCARTES, René. *Discurso do método*. Tradução de Maria Ermantina Galvão. São Paulo: Martins Fontes, 2001.

DIMOULIS, Dimitri. MARTINS, Leonardo. *Teoria geral dos direitos fundamentais*. 3. ed. São Paulo: Revista dos Tribunais, 2011.

DONNELLY, Jack. *Universal human rights in theory and practice*. 2. ed. Ithaca/London: Cornell University Press, 2003.

DROMI, José Roberto. La reforma constitucional: el constitucionalismo del "por-venir". In: GARCIA DE ENTERRÍA, Eduardo; CLAVERO ARÉVALO, Manuel (Coord.). *El derecho público de finales de siglo*: una perspectiva iberoamericana. Madri: Fundación BBV, 1997.

EVANS, Erin. Constitutional inclusion of animals rights in germany and switzerland: how did animal protection become an issue of national importance?. Society and Animals, n. 18, p. 231-250, 2010.

FELDMANN, Fábio José; CAMINO, Maria Ester Mena Barret. O direito ambiental: da teoria à prática. *Revista Forense*, v. 317, p. 95, 1992.

FERREIRA, Heline Sivini. Os instrumentos jurisdicionais ambientais na Constituição brasileira. In: CANOTILHO, J. J. Gomes; LEITE, José Rubens Morato (Org.). *Direito constitucional ambiental brasileiro*. 6. ed. São Paulo: Saraiva, 2015.

FERREIRA, Olavo Leonel. *História do Brasil*. 17. ed. São Paulo: Ática, 1995.

FERRY, Luc. *A sabedoria dos mitos gregos*: aprender a viver II. Tradução de Jorge Bastos. Rio de Janeiro: Objetiva, 2002.

FERRY, Luc. *Aprender a viver*. Tradução de Vera Lúcia dos Reis. Rio de Janeiro: Objetiva, 2007.

FEUERBACH, L. *A essência do cristianismo*. Tradução de José da Silva Brandão. Petrópolis: Vozes, 2007.

FIORILLO, Celso Antônio Pacheco. *Curso de direito ambiental brasileiro*. 12. ed. São Paulo: Saraiva, 2011.

FLORES, Joaquin Herrera. *Teoria crítica dos direitos humanos*: os direitos humanos como produtos culturais. Rio de Janeiro: Lumen Juris, 2009.

FOUCAULT, Michel. *Microfísica do poder*. Tradução de Roberto Machado. Rio de Janeiro: Graal, 1982.

FRASCH, Pamela; LUND, Hollie. O tratamento desigual de animais por espécie e prática nos Estados Unidos: um dilema moral e legal. *Revista Brasileira de Direito Animal*, ano 4, n. 5, jan./dez. 2009.

FREUD, Sigmund (1923). *O ego e o id*.v. 19. Rio de Janeiro: Imago, 1996. Edição Standard Brasileira das Obras Completas de Sigmund Freud.

FREYRE, Gilberto. *Os escravos nos anúncios de jornais brasileiros do século XIX*. 4. ed. São Paulo: Global, 2010.

GADOTTI, Moacir. *Pedagogia da terra*. 2. ed. São Paulo: Peirópolis, 2001.

GALANO, Carlos. *Educación ambiental*: construcción desde el destierro. Rosario, Universidad Nacional de Rosario, Escuela de Educación y Formación Ambiental "Chico Mendes". Disponível em: <http://www.altaalegremia.com.ar/contenidos/Educacion_ ambiental–Construccion_desde_el_ Destierro.html>.

GALEANO, Eduardo. *La naturaleza no és muda*. Disponível em: <http://www.pagina12. com.ar/diario/contratapa/13-103148-2008-04-27.html>.

GOETSCHEL, Antoine François. *Animal cloning and animal welfare legislation in Switzerland*. Report by the Foundation for the Animal in the Law, CH-Berne/Zurich. Symposium at the University of Lueneburg, Germany, 2000.

GOLEMAN, Daniel. *Inteligência emocional*: a teoria revolucionária que redefine o que é ser inteligente. Rio de Janeiro: Objetiva, 1995.

GOODMAN, Morris et al. *Implications of natural selection in shaping 99.4% nonsynonymous DNA identity between humans and chimpanzees*: enlarging genus homo. Detroit: Wayne State University School of Medicine, 2003. Disponível em: <http://www.pnas.org/content/100/12/7181.long>.

GORDILHO, Heron José de Santana. *Darwin e a evolução jurídica*: habeas corpus para chimpanzés. Trabalho publicado nos Anais do XVII Congresso Nacional do CONPEDI, realizado em Brasília – DF nos dias 20, 21 e 22 de novembro de 2008. Disponível em: <http://www.abolicionismoanimal.org.br/artigos/darwin.pdf>.

GORDILHO, Heron José de Santana; SILVA, Tragore Trajano de Almeida. *Habeas corpus para os grandes primatas*. *Revista do Instituto do Direito Brasileiro da Faculdade de Direito da Universidade de Lisboa – RIDB*, ano 1, n. 4, p. 2077-2114, 2012.

GRAU, Eros Roberto. O direito pressuposto e o direito posto. In: CLÈVE, Clèmerson Merlin; BARROSO, Luis Roberto (Org.). *Doutrinas essenciais de direito constitucional*. v. II. São Paulo: Revista dos Tribunais, 2011.

GUDYNAS, Eduardo. Desarrollo, derechos de la naturaleza y buen vivir después de Montecristi. In: WEBER, Gabriela (Ed.). *Debates sobre cooperación y modelos de desarrollo*: perspectivas de la sociedad civil en el Ecuador. Centro de Investigaciones Ciudad y Observatorio de la Cooperación al Desarrollo, Quito, 2011.

GUDYNAS, Eduardo. Los derechos de naturaleza en serio: respuestas y aportes desde la ecología política. In: ACOSTA, Alberto; MARTÍNEZ, Esperanza (Org.). *La naturaleza con derechos*. De la filosofía a la política. Quito: Editorial AbyaYala, 2011.

HELD, David. *Modelos de democracia*. Tradução de Alexandre Sobreira Martins. Belo Horizonte: Paidéia. 1987.

HENNING, Daniel. *A manual forbuddhism and deepecology*. Disponível em: <http://www.buddhanet.net/>.

HIRSCHL, Ran. *Constitutional theocracy*. Cambridge, Massachussets: Harvard University Press, 2010.

HUGHES, J. Donald. *An environmental history of the world: humankind's changing role in the community of life*. Taylor & Francis e-library, 2004.

HUNT, Lynn. *A invenção dos direitos humanos*: uma história. Tradução de Rosaura Eichenberg. São Paulo: Companhia das Letras, 2009.

JONAS, Hans. *O princípio da responsabilidade*: ensaio de uma ética para a civilização tecnológica. Tradução de Marijane Lisboa e Luiz Barros Montez. Rio de Janeiro: PUC Rio, 2006.

KANT, Immanuel. *Fundamentação da metafísica dos costumes*. Tradução de Paulo Quintela. Lisboa: Edições 70, 2007.

KLEVENHUSEN, Renata Braga; CHALFUN, Mery. Pela não reificação dos animais: a caminho da concretização do Estado Constitucional Ecológico. *Revista Brasileira de Direito Animal*, ano 2014, v. 9, n. 16, maio/abr.

LAFER, Celso. *A reconstrução dos direitos humanos*: um diálogo com o pensamento de Hannah Arendt. São Paulo: Companhia das Letras, 1988.

LASSALE, Ferdinand. *A essência da Constituição*. 6. ed. Rio de Janeiro: Lumen Juris, 2001.

LEITE, José Rubens Morato; AYALA, Patryck de Araújo. A transdisciplinariedade do direito ambiental e a sua equidade intergeracional. *Revista de Direito Ambiental*, São Paulo, v. 6, n. 22, p. 62-80, abr./jun. 2001.

LEMOS, André Fagundes; BIZAWU, Kiwonghi. *Evolução histórico-jurídica do meio ambiente no Brasil*: uma análise interpretativa da sistematização e codificação do direito ambiental. Disponível em: <http://www.publicadireito.com.br/artigos/?cod=d7c3f8dee9f1ce4c>.

LIMA, Fabrício Wantoil. *A Bíblia e o direito*: princípios ambientais. Leme: Edijur, 2015.

LIMA, George Marmelstein. *Crítica à teoria das gerações (ou mesmo dimensões) dos direitos fundamentais*. Disponível em: <http://gerogemlima.blogspot.com>.

LOEWENSTEIN, Karl. *Teoria de la Constitución*. 2. ed. Espanha: Ariel, 1979.

LOSANO, Mario. G. *Os grandes sistemas jurídicos*: introdução aos sistemas jurídicos europeus e extra-europeus. Tradução de Marcela Varejão. São Paulo: Martins Fontes, 2007.

LOVELOCK, James. *Gaia: a new look at life on Earth*. Oxford University Press, 2000.

LUSTOSA, Maria Cecília Junqueira; CANÉPA, Eugênio Miguel; YOUNG, Carlos Eduardo Frickmann. Política ambiental. In: MAY, Peter H.; LUSTOSA, Maria Cecília Junqueira; VINHA, Valéria da (Org.). *Economia do meio ambiente*: teoria e prática. Rio de Janeiro, Elsevier, 2003.

LUTZENBERGER, José Antônio. *Gaia, o planeta vivo*. Porto Alegre: L&PM, 1990.

MAGALHÃES, Juraci Perez. *A evolução do direito ambiental no Brasil*. 2. ed. São Paulo: Juarez de Oliveira, 2002.

MARTINS, Renata de Freitas. O respeitável público não quer mais animais em circos!. *Revista Brasileira de Direito Animal*, ano 3, n. 4, jan./dez. 2008.

MEDINA, Fábio. "Pachamama, o filme": saberes indígenas e o novo constitucionalismo latino-americano. In: VAL, Eduardo Manuel; BERGO, Enzo (Org.). *O pensamento pós e descolonial no novo constitucionalismo latino-americano*. Caxias do Sul: Ed. Educs, 2014.

MELO, Milena Petters. O patrimônio comum do constitucionalismo contemporâneo e a virada biocêntrica do "novo" constitucionalismo latino-americano. *Revista Novos Estudos Jurídicos*, v. 18, n. 1, 2013.

MENDES, Gilmar Ferreira; COELHO, Inocêncio Mártires; BRANCO, Paulo Gustavo Gonet. *Curso de direito constitucional*. 2. ed. São Paulo: Saraiva, 2008.

MÉNDEZ, Julio Marcelo Prieto. *Derechos de la naturaleza*: fundamento, contenido y exigibilidad jurisdiccional. Quito: Corte Constitucional del Ecuador, 2013.

MORAES, Alexandre. *Direito constitucional*. 12. ed. São Paulo: Atlas, 2002.

MORAES, Germana de Oliveira. O constitucionalismo ecocêntrico na América Latina, o bem viver a nova visão das águas. *Revista da Faculdade de Direito*, Fortaleza, v. 34, n. 1, jan./jun. 2013.

MORAND-DEVILLER, Jacqueline. O justo e o útil em direito ambiental. In: MARQUES, Cláudia Lima; MEDAUAR, Odete; SILVA, Solange Teles da (Org.). *O novo direito administrativo, ambiental e urbanístico*: estudos em homenagem à Jacqueline Morand-Deviller. São Paulo: Revista dos Tribunais, 2010.

MOREIRA NETO, Diogo de Figueiredo. Política agrícola e fundiária e ecologia. *Revista Forense*, v. 317, p. 74, 1992.

MORI, Seiichi. Direito constitucional japonês. In: CLÈVE, Clèmerson Merlin; BARROSO, Luis Roberto (Org.). *Doutrinas essenciais de direito constitucional*. v. I. São Paulo: Revista dos Tribunais, 2011.

MORIN, Edgar. *A cabeça bem-feita*: repensar a reforma, reformar o pensamento. Tradução de Eloá Jacobina. 11. ed. Rio de Janeiro: Bertrand, 2005.

MORIN, Edgar. *O método*: as ideias, habitat, vida, costumes, organização. v. 4. Tradução de Juremir Machado da Silva. 4. ed. Porto Alegre: Sulina, 2008.

MORIN, Edgar; PRIGOGINE, Ilya et al. *A sociedade em busca de valores*: para fugir à alterativa entre o ceptiscimo e o dogmatismo. Tradução de Luís M. Couceiro Feio. Lisboa: Instituto Piaget, 1996.

MURCIA, Diana. El sujeto naturaleza: elementos para su compresión. In: ACOSTA, Alberto; MARTÍNEZ, Esperanza (Org.). *La naturaleza con derechos*. De la filosofía a la política. Quito: Editorial AbyaYala, 2011.

NASR, Seyeed Hossein. Islam, the contemporary Islamic world, and the environmental crisis. In: CLOWNEY, David (Org.). *Earthcare*: an anthology in environment alethics. USA: Ed. Rowman & Littlefield, 2009.

NEUMANN, Jean-Marc. The legal status of animals in the french civil code: the recognition by the french civil code that animals are living and sentient beings: symbolic move, evolution or revolution?. *Global Jornal of Animal Law* (GJAL), n. 1, 2015.

NOVELINO, Marcelo. *Curso de direito constitucional*. 10. ed. Salvador: Juspodivm, 2015.

OLIVEIRA, Eduardo Perez. Uns beagles e umbigos: (re)pensando o valor da dignidade da vida. *Revista Jurídica Consulex*, ano XVIII, n. 415, 1º maio 2014.

OLIVEIRA, Flávia de Paiva Medeiros de; GUIMARÃES, Flávio Romero. *Direito, meio ambiente e cidadania*: uma abordagem interdisciplinar. São Paulo: Madras, 2004.

OST, François. Júpiter, Hércules, Hermes: tres modelos de juez. Tradução de Isabel Lifante Vidal. *Revista Doxa*, n. 14, 1993.

PALHANO, Jerson José Darif; SANCHES, Mário Antônio. Teologia da compaixão com os animais: a prática de Jesus. *Rev. PistisPrax. Teol. Pastor.*, Curitiba, v. 5, n. 1, p. 169-184, jan./jun. 2013.

PLATÃO. *Timeu*: Crítias. Tradução de Rodolfo Lopes. Coimbra: Centro de Estudos Clássicos e Humanísticos, 2011.

QUEIROZ, Ari Ferreira de. *Direito constitucional*. 16. ed. Leme: J. H. Mizuno, 2014.

REIMER, Haroldo. *Bíblia e ecologia*. São Paulo: Reflexão, 2010.

ROSA, André Vicente. *Direito e classes sociais*. Revista Estudos, Goiânia, 1990.

ROULAND, Norbert. *Anthropologie juridique*. Paris: Presse Univ. de France, 1990.

ROUSSEAU, Jean-Jacques. *Discurso sobre a origem e os fundamentos da desigualdade entre os homens*. Tradução de Lourdes Santos machado. 2. ed. São Paulo: Abril Cultural, 1978. (Coleção Os Pensadores).

SAINT-EXÚPERY, Antoine de. *O pequeno príncipe*. Tradução de Dom Marcos Barbosa. Rio de Janeiro: Agir, 2006.

SANDEL, Michael. The Procedural Republic and the Unencumbered Self, In: GOODIN, Robert; PETIT, Philip. *Contemporary Political Philosophy*, p. 256-256.

SANTOS, Boaventura de Sousa. Para uma sociologia das ausências e uma sociologia das emergências. *Revista Crítica de Ciências Sociais*, n. 63, 2002.

SANTOS, Boaventura de Sousa. *Public Sphere and Epistemologies of the South, Africa Development*, v. XXXVII, n. 1, 2012.

SARAIVA, Paulo Lopo. *Garantia constitucional dos direitos sociais no Brasil*. Rio de Janeiro: Forense, 1983.

SARLET, Ingo Wolfgang. *A eficácia dos direitos fundamentais*: uma teoria geral dos direitos fundamentais na perspectiva constitucional. 11. ed. Porto Alegre: Livraria do Advogado, 2012.

SARLET, Ingo Wolfgang; MARINONI Luiz Guilherme; MITIDIERO, Daniel. *Curso de direito constitucional*. 2. ed. São Paulo: Revista dos Tribunais, 2013.

SARTRE, Jean-Paul. *O existencialismo é um humanismo*. Tradução de Rita Correia Guedes. Fonte: *L'Existentialisme est un Humanisme*. Paris: Les Éditions Nagel, 1970. Disponível em: <http://stoa.usp.br/alexccarneiro/files/-1/4529/sartre_exitencialismo_humanismo.pdf>.

SCHWABE, Jürgen. *Cinquenta anos de jurisprudência do Tribunal Constitucional Federal alemão*. Tradução de Beatriz Henning, Leonardo Martins, Mariana Bigelli de Carvalho, Tereza Maria de Castro, Vivianne Geraldes Ferreira. Montevidéu: Konrad Adenauer Stiftung, 2005, p. 381-395. Disponível em: <http://biblio.juridicas.unam.mx/libros/libro.htm?l=2241>.

SILVA, José Afonso. Fundamentos constitucionais da proteção ambiental. In: MARQUES, Cláudia Lima; MEDAUAR, Odete; SILVA, Solange Teles da (Org.). *O novo direito administrativo, ambiental e urbanístico*: estudos em homenagem à Jacqueline Morand-Deviller. São Paulo: Revista dos Tribunais, 2010.

SIMKINS, Ronald A. *Criador e criação*: a natureza na mundividência do antigo Israel. Petrópolis: Vozes, 2004.

SINGER, Peter. *Defense of animals: the second wave*. Oxford: Blackwell Publishing, 2006.

SINGER, Peter. *Libertação animal*. Porto Alegre: Lugano, 2004.

SIRVINKAS, Luís Paulo. *Manual de direito ambiental*. São Paulo: Saraiva, 2003.

SOUZA NETO, Cláudio Pereira de; SARMENTO, Daniel. *Direito constitucional*: teoria, história e métodos de trabalho. Belo Horizonte: Fórum, 2013.

STEADMAN, David W. *et al.* Fossil vertebrates from Antigua, Lesser Antilles: evidence for late Holocene human-cause dextinctions in the West Indies. *Proc. Nati. Acad. Sci.*, USA, vol. 81, July 1984. Disponível em: <http://www.pnas.org/content/81/14/4448.full.pdf+html?sid= 5d982716-e791-4c0e-a7f7-84ec8b9e5c8f>.

SUNSTEIN, Cass R. *The Rights of Animals: A Very Short Primer*. University of Chicago, Public Law & Legal Theory, Working Paper No. 30, 2002.

TRIBE, Laurence. Ten lessons our constitutional experience can teach us about the puzzle of animal rights: the work of Steven M. Wise. *Revista Brasileira de Direito Animal*, ano 4, n. 5, jan./dez. 2009.

VAL, Eduardo Manuel; BERGO, Enzo (Org.). *O pensamento pós e descolonial no novo constitucionalismo latino americano*. Caxias do Sul: Educs, 2014.

VARGAS, Idón Moisés Chivi. Constitucionalismo emancipatorio, desarrollo normativo y jurisdicción indígena. In: *Bolívia*: nueva constitución política del Estado – conceptos elementales para su desarrollo normativo. La Paz: 2010, p. 129-132. Disponível em: <http://www.vicepresidencia.gob.bo/IMG/pdf/ncpe_cepd.pdf>.

VATICANO. *Carta Encíclica Laudato Si*. Sobre o cuidado da casa comum, do Santo Padre Francisco, de 24 de maio de 2015. Disponível em: <http://w2.vatican.va/content/francesco/pt/encyclicals/documents/papa-francesco_20150524_enciclica-laudato-si.html>.

VATICANO. *Carta Encíclica Rerum Novarum*. Sobre a condição dos operários, do Sumo Pontífice Papa Leão XIII, de 15 de maio de 1891. Disponível em: <http://w2.vatican.va/content/leo-xiii/pt/encyclicals/documents/hf_l xiii_enc_15051891_rerum-novarum.html>.

WAINER, Ann Helen. Legislação ambiental brasileira: evolução histórica do direito ambiental. *Revista de informação legislativa*, v.30, n. 118, p. 191-206, abr./jun. 1993.

WARAT, Luiz Alberto. *Introdução geral ao direito*. Interpretação da lei, temas para uma reformulação. v. I. Porto Alegre: Sérgio Antônio Fabris Editor, 1994.

WEI, Song. Tradicional cultura chinesa coloca dificuldade para nova lei de bem-estar animal. *Revista Brasileira de Direito Animal*, ano 4, n. 5, jan./dez. 2009.

WHITE, Lynn. The historical roots of our ecologic crisis. *Science*, v. 155, n. 3767, p. 1203-1207, 1967.

ZAFFARONI, Eugênio Raúl. La naturaleza como persona: Pachamama y Gaia. In: VARGAS, Idón Moisés Chivi (Org.). *Bolívia*: nueva constitución política del Estado – conceptos elementales para su desarrollo normativo. La Paz: 2010, p. 129-132. Disponível em: <http://www.vicepresidencia.gob.bo/IMG/pdf/ncpe_cepd.pdf>.

ZAFFARONI, Eugênio Raúl. La Pachamama y el humano. In: ACOSTA, Alberto; MARTÍNEZ, Esperanza (Org.). *La naturaleza con derechos*. De la filosofía a la política. Quito: Editorial AbyaYala, 2011.

ZAGREBELSKY, Gustavo. *El derecho dúctil*: ley, derechos, justicia. Tradução de Marina Gascón. Madri: Editorial Trotta, 1999.

ZANCANARO, Lourenço. *O conceito de responsabilidade em Hans Jonas*. Tese (Doutorado em Educação) – Faculdade de Educação, Universidade Estadual de Campinas, 1998.

Esta obra foi composta em fonte Palatino Linotype, corpo
10 e impressa em papel Offset 75g (miolo) e Supremo
250g (capa) pela Laser Plus em Belo Horizonte/MG.